겨울에 떠나는
# 산티아고 순례길

# 겨울에 떠나는 산티아고 순례길

| | |
|---|---|
| 발행일 | 2018년 10월 12일 |

| | | | |
|---|---|---|---|
| 지은이 | 신 영 준 | | |
| 펴낸이 | 손 형 국 | | |
| 펴낸곳 | (주)북랩 | | |
| 편집인 | 선일영 | 편집 | 오경진, 권혁신, 최예은, 최승헌, 김경무 |
| 디자인 | 이현수, 김민하, 한수희, 김윤주, 허지혜 | 제작 | 박기성, 황동현, 구성우, 정성배 |
| 마케팅 | 김회란, 박진관, 조하라 | | |
| 출판등록 | 2004. 12. 1(제2012-000051호) | | |
| 주소 | 서울시 금천구 가산디지털 1로 168, 우림라이온스밸리 B동 B113, 114호 | | |
| 홈페이지 | www.book.co.kr | | |
| 전화번호 | (02)2026-5777 | 팩스 | (02)2026-5747 |

| | |
|---|---|
| ISBN | 979-11-6299-358-3 03920 (종이책)　979-11-6299-359-0 05920 (전자책) |

이 도서의 국립중앙도서관 출판예정도서목록(CIP)은 서지정보유통지원시스템 홈페이지(http://seoji.nl.go.
kr)와 국가자료공동목록시스템(http://www.nl.go.kr/kolisnet)에서 이용하실 수 있습니다.
(CIP제어번호: CIP2018031399)

**(주)북랩** 성공출판의 파트너

북랩 홈페이지와 패밀리 사이트에서 다양한 출판 솔루션을 만나 보세요!

**홈페이지** book.co.kr　•　**블로그** blog.naver.com/essaybook　•　**원고모집** book@book.co.kr

# 겨울에 떠나는
# 산티아고 순례길

신영준 지음

북랩 book Lab

누구나 한 번쯤은 뒤를 돌아보기 마련이다.

삶의 주인으로 살아가려면 중요한 선택을 해야만 할 때가 있다. 꼭 새로운 도전을 위해서 선택이 필요한 것만이 아니라, 지금 자신이 가고 있는 길이 내가 선택한 것이라는 확신을 가지기 위해서도 또 한 번의 선택이 필요할 때가 있다. 나는 직원들과 면담을 할 기회가 생기면, 30대 초중반에 꼭 한 번 자신의 길을 돌아볼 것을 추천한다. 주변의 이야기나 사회가 요구하는 성공의 기준에 따라서가 아니라, 온전히 자신만의 기준에 따라 현재의 삶을 돌아보고, 미래를 준비하는 것이 필요하다고 했다. 그를 통해 지금 가는 길이 어쩔 수 없이 또는 다른 사람이 선택한 길이 아니라, 나 스스로가 선택한 것이라는 믿음을 갖는 것이 중요하다고 말하곤 했다. 대학을 진학하고, 사회에 나와서 안정적인 직장을 갖게 되면, 더 좋은 직장으로 옮기는 것이 아니라면, 그냥 그 자리에 안주하는 경우를 많이 봤기 때문이다. 새로운 도전을 통해 얻는 것만을 보고 쫓아가는 사람도 있지만, 가진 것을 잃는 것이 두려워서 스스로를 잃어 가면서도 그 자리를 벗어나지 못하는 사람도 있다. 그러다 사십이 되고 오십이 되어 가면, 이제는 도전이 아니라 유지를 위해서 더 많은 노력을 기울이게 된다. 지금 내가 가는 길이 어떤 길인지를 계속 묻는 것이 아니라, 그냥 그 길에 있으니까 앞으로 가는 것이다.

　나를 돌아보면 30살의 나이에 3살, 1살의 두 아이를 데리고 갑작스런 유학을 결정할 때가 그랬던 것 같다. 석사를 마치고, 가정형편상 박사 진학을 할 수 없었던 아쉬움이 서른이 지날 즈음에 갑자기 더 크게 다가왔었다. 모아둔 돈도 없고, 두 아이의 가장으로 안정적인 직장을 버리고 새로운 도전을 한다는 것이 무모하게도 생각되어 고민이 많았지만, 도전하지 않는다면 평생 아쉬움으로 남을 것 같다는 생각에 훌쩍 유학을 떠났었다. 지금 돌아보면 힘든 결정이었고, 쉽지 않은 유학 생활이었지만, 정말 잘한 선택이었다. 그 선택 덕분에 오십을 바라보는 이 시점에 나름 내 위치에서 목소리를 내며 직장생활을 할 수 있는 것이라고 생각한다. 그러던 내가 지난 2~3년 사이에 갑자기 우울해지

겨울에 떠나는
산티아고 순례길

기 시작했다. 나는 도대체 무엇을 목적으로 살아가는 걸까 하는 의문이 계속 생겼다. 때로는 승진이 목표가 되기도 하고, 때로는 누군가로부터 받는 인정이 위로가 되기는 했지만, 다른 사람의 의견과 충돌하고, 큰 소리를 지르며 마치 나만 옳고 다른 모든 사람은 틀린 것 같다는 생각을 하는 나를 발견하면서, 이제 또 한 번 나를 돌아볼 시간이 필요하다는 생각을 하게 되었다.

　나를 돌아보기 위해 온전히 나만의 시간을 갖는 것은 쉽게 허락되지 않았다. 그때 비슷한 고민을 하고 있었을지도 모르는 친구로부터 산티아고 순례길을 소개받았다. 같이 갈 것을 제안한 것도, 그 길을 가는 목적이 무엇인지를 이야기한 것도 아니고, 그저 인생의 버킷리스트에 있는 산티아고 순례를 원래 계획보다 조금 일찍 다녀오기로 했다는 것이었다. 나를 돌아볼 시간을 갈구하고 있던 시점에 들린 친구의 여행 계획은 내게는 한 줄기 단비 같은 소식이었다. 스페인의 산골 마을이라는 공간은 나를 이 세상에서 벗어나게 하기에 충분히 먼 곳이었고, 40일이라는 시간은 스스로를 돌아보기에 더 없이 좋은 시간이라는 생각이 들었다. 그리고 30살에 유학을 결정했을 때처럼, 고려할 것은 너무도 많지만, 결정은 단순하게 내려 버렸다.

　산티아고 순례길은 내가 그토록 가지고 싶었던 나만의 시간과 공간을 허락해 주었다. 이 글은 40일의 여정을 일기 형식으로 시간을 따라가며 기록한 것이다. 단순하고 지루하고 힘든 시간의 연속이었지만, 그 안에서 나를 찾아가고, 내가 살아온 길을 되짚어본 성찰의 흔적도 함께하고 있다. 글재주가 부족함에도 이렇게 기록을 남기게 된 것은 하루하루가 지나면서 잊혀 가는 소중한 기억을 영원히 간직하고 싶어서이다. 또한 내 고민의 한 자락이 비슷한 고민을 하는 사람들에게 작은 위안이 되었으면 한다.

나와 함께 인생의 길을 걸어가는 아내 진원이와 산티아고 순례길을 함께 걸어 준 친구 언식이에게 특별한 감사를 전한다.

2018년 10월

신영준

거울에 떠나는
산티아고 순례길

# Contents

## 여행 준비

2018년 1월 18일. 친한 대학 동기로부터 연락이 왔다. 연차휴
가 25일을 사용해서 야고보의 길을 간다고 했다. 주말과 설 연
휴를 포함하니 39박 40일이었다. 그 말을 듣는 순간 그냥 부럽
다는 생각만 들었다. 그리고 반사적으로 친구에게 물었다.

"야고보의 길이 어딘데? 나도 같이 가도 되나?"

"물론 같이 가도 되지. 스페인 산티아고 순례길이야."

이렇게 40일간의 여행은 아무런 준비도 없이 갑작스럽게 시작
되었다.

나는 야고보의 길이 산티아고 순례길과 같은 것인지도 몰랐
다. 나중에 알고 보니, 산티아고가 스페인어로 성 야고보이고,
그래서 산티아고 가는 길을 영어로는 Road to St. James라고
하는 것이었다. 산티아고로 가는 길은 여러 길이 있지만, 친구
가 가려는 길은 프랑스 길이라고 알려진 길로, 프랑스 남부 생장

거울에 떠나는
산티아고 순례길

(Saint Jean Pied de Port)에서 출발하여 스페인 북쪽을 따라 산티아고 데 콤포스텔라(Santiago de Compostela)까지 약 800㎞에 이르는 길이었다. 산티아고 순례길. TV를 통해서는 다른 사람들의 순례 모습을 보고 멋지구나, 나도 가보고 싶다는 생각은 했지만, 꼭 가야지 하는 생각은 못 했었다. 그런데, 그 녀석은 정말로 간다고 했다. 2월 7일부터 3월 18일까지, 20일 후다. 잠시 여러 생각이 들었다. 정말 같이 갈 수 있냐는 친구의 질문에 잠깐이라도 합류하고 싶다는 말을 전하고, 나를 돌아봤다. 지금 처한 상황, 평소의 내 성향이나 행동, 그리고 지금 내가 하고 싶은 것은 무엇일까를 고민했다.

 작년 하반기부터 나는 회사에서의 내 역할을 심각하게 고민하고, 1년은 쉬어야겠다는 결론을 내린 뒤 연말에 퇴직 의사를 밝혔다. 내가 해야 할 일도 쌓여 있고, 내가 할 수 있는 일도 많이 있었지만, 더 중요한 것은 온전히 나를 돌아보는 시간이라 생각했다. 회사는 영화 속의 설국열차와 같아 보였다. 멈추면 추위에 모두 죽는다 생각하여 계속 달릴 방법만을 고민하는 리더가 있고, 기차에 타서 살아있는 것에 만족하며 자신에게 주어진 일만 무던히 수행하는 승객들로 가득 찬 설국열차. 성장하지 않으면 퇴보한다는 생각이 지배하고 일단 앞으로 나가면 어떻게든 될 것이라고 생각하는 리더와 주어진 환경에서 자신의 역할만 하면 된다고 생각하는 구성원들과 함께 나도 또 하나의 설국열차에 타고 있는 것 같았다. 급변하는 환경 속에서 1등의 압박을 뚫고 가려는 리더와 그 결과물을 만들어내야 하는 구성원은 유기적으로 연결되어야 하지만, 그 사이는 마치 고무줄로 연결된 것 같았다. 고무줄에 추를 달아서 당기는 것처럼 리더가 앞서 나가도 구성원들은 뒤따라가지 않는 것이 보였다. 고무줄처럼 잡아당겨도 바로 끌려오지 않고 제자리에 있다가 어느 정도 이상의 힘이 걸리면 어쩔 수 없이 끌려가지만, 임계점이 넘는 순간이 오면 순식간에 끊어져서 양쪽 모두 제 풀에 넘어지고 말 것처럼 보였다. '모두 같은 고민을 하겠지'라고 생각하기도 했지만 그보다는 나혼자 동떨어진 사람처럼 느껴질 때가 많았다. 다들 목표를 달성하기 위해 혼신의 힘을 다하고 있을 때, 나는 힘을 낼 이유를 잃고 있었다. 사람들은 때를 이야기했다. 지금은 일단 달릴 때라고. 그러면 언젠가는 목표를 다시 찾게 되고 또 시간이 해결해줄 거라고. 그러나 그 말은 더 이상 나를 달리게 하지 못했다. 결국 나는 나 자신에게로 눈을 돌렸다. 회사가 내게 기대하는 것과 내가 만들어낸 결과물의 가치를 논하는 것이 아니라 정말 내가 좋아하는 것과 싫어하는 것, 하고 싶은 것과 하기 싫은 것, 할 수 있는 것과 할 수 없는 것들을 돌아봤다. 그러고 보니 내게는 항상 핑계가 함께 있었다. 무언가 하나를 하려면 먼저 해결해야 하는 과제가 있었고, 그것을 해결하면 또 다른 장애물이 나

거울에 떠나는
산티아고 순례길

를 가로막았다. 다른 사람이 장애물을 만드는 것이 아니라, 불평과 근심이 많은 내가 스스로에게 한계를 짓고 있었다. 몸과 머리는 이미 앞서 나가고 있지만, 가슴은 뜨겁게 타오르지 않는 나를 발견한 것이었다. 이유가 무엇이든 이제껏 나를 지탱하던 열정과 애정이 지금은 나를 더 힘들게 하는 과거의 굴레가 되어 있었다. 이제는 쉬어야만 할 때라는 결론에 도달했다. 나만을 위해서가 아니라, 내 주변 사람들을 위해서도 지금은 멈추어야 했다. 멈추자. 그리고 돌아보자. 앞으로 갈 길이 더 많은데 어디로 가는지도 모르면서 쓸려가는 것은 그 어떤 의미도 없다고 생각했다. 많은 논의 후에 당분간 현업에서 물러나 재충전을 할 기회를 회사로부터 받았다.

친구의 여행 소식을 듣고, 나도 가볼까 하는 생각이 스치는 순간 이제까지 살아온 내 모습이 훅 지나갔다. 하나는 계획대로 차근차근 일을 하는 데 익숙했던 모습이었다. 여행을 가면 숙소는 물론 식당, 볼거리까지 미리 정했었다. 시간 계획을 잘못 짰음에도 그대로 진행하다 보니, 석양을 볼 계획이었으나 칠흑 같은 어둠을 마주하기도 하고, 지친 아이들이 잠든 차 안에서 아내와 둘이 저녁을 해결하기도 했던 일들이 생각났다. 무엇 하나 계획에서 벗어나기 시작하면 불안해졌던 내 모습이 그려졌다. 또 하나는 가고 싶었지만 가보지 못했던 배낭여행이었다. 언젠가는 꼭 배낭여행을 가고 싶다고 생각했지만, 나이가 들수록 겁이 많아져서 새로운 세상에 배낭만 짊어지고 뛰어들 용기가 사라져가고 있었다. 그와 동시에 이번이야말로 시간과 공간을 온전히 하늘에 맡기고 나 자신과 함께할 수 있는 기회일 거라는 생각이 들었다. 이번을 놓치면 언제 다시 올지 모른다는 생각이, 아니 지금 아니면 다시는 기회가 와도 못 잡을 것 같다는 생각이 밀려들었다. 손에 들고 있는 것을 내려 놓아야 새로운 것을 잡을 수 있고, 그릇에 담긴 것을 비워야 새로운 음식을 담을 수 있다는 평범한 진리를 남에게 전하기만 할 것이 아니라 내가 실천할 기회가 온 것이었다. 40일은 짧은 시간도 아니고, 설 명절도 끼어 있으며, 집에는 아내 혼자 있어야 한다. 게다가 회사에서는 어떻게 생각할까. 이 모든 걱정은 내가 내려 놓을 것들이었다. 적어도 이번 여행 동안이라도. 장남으로, 가장으로, 임원으로 살아온 시간을 잠시 내려놓고, 나 신영준으로 돌아가기로 했다.

그러고 나서 아내에게 다녀오고 싶다고 의견을 구했다. "그럼 다녀 와." 너무도 간단한 아내의 대답이 큰 힘이 되었다. 모든 선약을 뒤로 하고, 바로 항공권을 구입했다. 이렇게 이번 여정은 시작되었다.

'그래 지금이 아니면 또 기회가 있을까? 가자. 혼자도 아닌데.'

항공권을 구입한 후부터 마음은 들뜨기 시작했지만 머리도 복잡해지고 있었다. 배낭, 침낭을 비롯해서 뭐 하나 제대로 가지고 있는 것이 없었다. 여기저기 검색하고 막 구매하기 시작했다. 온라인 쇼핑을 많이 했지만, 택배를 기다리는 마음에는 평소와는 다른 설렘이 있었다. 새로 산 50리터 배낭은 돌아가신 아버지의 등산화, 아내가 사용하던 등산 스틱, 아이들의 스포츠 타월, 양말과 더불어 40일을 살아갈 최소한의 물품들로 채워졌다. 어느덧 허리에 메는 배낭을 포함하여 12.5kg이 되었다. 넣은 것도 없는 것 같은데, 이것도 저것도 더 넣어야 할 것 같은데, 이미 내가 감당할 무게를 넘어서고 있었다. 이제는 더 담을 수도 없다. 덮개를 덮어야만 한다.

선교여행을 떠나는 제자들에게 어떠한 여분의 물품도 챙기지 말라고도 하셨고, 나를 따르려면 제 자신을 버리고, 제 십자가를 지고 따라야 한다고 하신 예수님의 말씀이 생각났다. 사람의 모습으로 2000년 전에 세상을 구하러 오셨던 예수님께서 이번에는 친한 친구의 모습으로 나를 구하러 오신 것 같았다. 이것이 신비가 아닐까?

여행 준비

## 과거와 다른
## 낯선 파리

from Seoul to Toulouse through Paris

여행의 첫 목적지는 파리였다. 프랑스 길을 통해서 산티아고를 향하는 많은 한국 사람들이 택하는 도시였다. 50을 바라보며, 30년 지기 친구와 배낭을 매고 공항에서 만나니 좀 어색하기도 했지만, 둘 다 생기 넘치는 대학시절로 돌아가는 듯한 느낌이었다. 얼굴이나 몸매는 어느 누구도 대학생으로 보지 않을 모습이 되었지만, 친구와 배낭을 매고 여행을 간다는 것만으로 무엇이든 할 수 있을 것 같았던 그 시절이 다시 떠올랐다. 항공사 카운터에 배낭을 비닐에 담아달라고 부탁을 해서, 수하물로 보내고 나니, 정말 여행이 시작된 느낌이었다. 여행 중 사용하려고 주문한 유럽 심카드를 받고, 출국심사를 한 뒤, 항공기에 올랐다. 언

겨울에 떠나는
산티아고 순례길

제나 장거리 비행 하면 설렘보다는 지루함이 먼저 떠올랐지만, 이번 비행만큼은 그 지루함보다 설렘이 가득했다. 언식이는 비행기 안에서도 열심히 책을 읽고 있었는데, 스페인 역사와 순례길에 관한 것이었다. 그냥 떠나고 싶다는 생각에서 출발한 나와는 이 길을 대하는 자세가 달랐다.

짐을 찾아 배낭을 메고 들어선 순례길의 첫 도시 파리는 출장으로 여러 번 다녔던 과거의 파리와 다른 느낌으로 다가왔다. 어디로 가야 하는지, 누구를 만나면 될지 잘 정리되고 준비되어 있던 파리가 처음 만나는 낯선 도시로 변했다. 주변에는 정말 프랑스어만 들렸다. 나를 중심으로 영어와 한국어가 더 많이 들렸던 과거의 파리가 더 이상 아니었다. 이번 여정은 루르드 성지 순례로 시작하기로 했기 때문에 우리는 기차역으로 이동해야 했는데, 파리 공항에서 파리 역으로 가는 길은 불안의 연속이었다. 공항 기차역 안내소에서는 너무나 무심하게 길을 알려줬다. 처음 만난 직원은 그저 타는 곳만을 알려주었고, 뭔가 알려주려고 했던 다른 사람과는 의사소통이 되지 않았다. 여러 명의 도움을 거친 끝에 갈아타는 방법까지 확인하고서야 전철에 오를 수 있었다. 이 모든 것이 모르면 물어보기를 잘하는 붙임성 좋은 친구가 있었기에 그나마 가능했다. 50리터의 배낭은 퇴근 시간의 전철 속에서는 짊어져도 바닥에 내려놓아도 다른 사람에게 폐를

끼칠 수밖에 없는 물건이었다. 큰 배낭은 우리가 도심 속의 이방인임을 더 확실히 확인시켜 주었다.

이제까지가 그래도 수월했다면 현지 통신망에 연결되는 과정은 간단하지 않았다. 로밍을 하기에는 비용도 비싸고 너무나 온전히 개인 용도이기에 현지 심카드를 사용하기로 했다. 비용 절감뿐 아니라, 현지 통신망 이용으로 한국과 전화 연락이 끊어지는 것은 덤이었다. 하지만 분명히 신호는 잡았는데 인터넷이 되지 않았다. 이런, 몇 번을 다시 해 봐도 신호만 잡을 뿐이었다. 그제야 설명서를 자세히 보니, 작은 글씨로 설정 방법이 적혀 있다는 것을 알았다. 설명에 따라 수동 설정을 하고 나서야 현지 인터넷에 연결되었다. 그런데 테더링이 안 됐다. 테더링이 된다는 말을 믿고 선택한 심카드였는데, 내 핸드폰으로도, 친구 핸드폰으로도 안 되었다. 그런 고민을 하는 중에 기차역에 무료 와이파이가 있다는 것을 알게 되어 일단 집에 카톡으로 도착 소식을 전하고 나니 조금은 마음이 놓였다. 인터넷이 안 되면 와이파이가 될 때만 소식을 전하면 되지라고 생각하니 여기까지 와서 인터넷 연결에 신경 쓰고 있는 모습이 우스워졌다. 내려놓아야 하는 것 하나는 명확해졌다.

우리가 도착한 시간에는 파리에서 루르드까지 한 번에 가는

기차는 없었다. 툴루즈를 거쳐 가는데, 툴루즈까지는 야간열차의 침대칸이었다. 이 또한 처음 하는 경험이었다. 9시 넘어 출발해서 다음 날 아침 6시쯤 도착하는 일정이었다. 기차가 20분 늦는다는 안내가 나왔는데 — 물론 알아들을 수 없는 프랑스어로만 나와서 우리는 안내판을 보고 알았다 — 갑자기 사람들이 어디론가 몰려갔다. 우리는 주변에 사람들이 사라지는 것을 보고 그 끝을 쫓아갔다. 아마도 타는 곳이 어디라고 방송이 나온 모양이었다. 기차를 타기 전에 표 검사를 일일이 하는 것은 좀 생소했지만 아마도 자는 사람들을 깨워서 표 검사를 할 수 없으니, 탈 때 확실히 하는 거라 생각했다.

　우리가 구매한 2등석 침대칸은 칸마다 3층 침대 2개가 있었고, 우리 자리는 각각 양쪽 침대의 2층이었다. 위아래 침대 간격은 앉을 수 없을 정도로 좁았지만, 침대 길이는 다행히 키가 작은 내가 다리 밑에 배낭을 두고도 누울 수 있는 정도는 되었다. 침대 위에는 베개와 비닐에 쌓인 무언가가 있었는데, 우리가 어찌할 바를 모르고 있으니 같은 칸 여행객이 비닐에서 작은 침낭 같은 것을 꺼내서 깔아주었다. 얇은 이불을 깔고 거기에 붙어 있는 담요를 덮고 자는 것이었다. 순례길을 걸으면 많은 사람들의 도움을 받는다고 했는데 청하지도 않은 도움이 벌써 우리를 찾아왔다. 작은 배려와 관심이 누구나 처음 살아가는 인생을 살 만하

첫째 날
과거와 다른 낯선 파리

게 만든다.

　출발하면서 인천공항에서도 파리공항에서도 기차역에서도 우리는 이런 저런 사진을 찍자고 이야기했는데 지금 침대에 누워서 일기를 쓰며 생각하니, 앞으로 가기에 급급해서 결국 사진은 남기지 못한 걸 알았다. 공항이나 기차역에서 배낭을 매고 가는 뒷모습을 남기기로 했고, 침대칸을 사용하기 전 모습도 남기고 싶었는데, 아직은 여유가 없다. 길을 잃을까, 기차를 놓칠까, 긴장 속에 지내고 있다. 지금 가는 이 기차도 20분 늦게 출발해서 어쩌면 루르드로 가는 기차는 놓칠지도 모른다. 25분 여유밖에 없는데. 그렇지만 그건 또 내일 고민할 수밖에 없는 것이 지금의 현실이다. 그러면서 지금까지 너무 많은 고민을 하고 살았다는 것을 알게 했다. 고민해서 해결할 수 없는 많은 것들을 고민하느라 그 순간에 감사하고, 행복을 누리는 것을 잊고 살았다.

　아침에 기차에서 내리면 어떤 새날이 나를 기다리고 있을까 또 걱정이 되기도 하지만 지금은 걱정이 오히려 나를 조금씩 흥분시킨다. 신문지 2장만 한 공간이 내게 충분한 밤이다.

거울에 떠나는
산티아고 순례길

파리공항의 분주함 속에서 순례길을 시작하며

설레는 마음으로 하루를 보낸 툴루즈로 가는 침대칸

**첫째 날**
과거와 다른 낯선 파리

/

# 기도로 시작하는 순례

from Toulouse to Saint Jean Pied de Port through Lourde

툴루즈에서 루르드행 기차로 갈아 탔다. 한국에서 준비해 온 여정은 여기까지다. 앞으로의 모든 일정은 파리에서의 귀국편을 제외하면 모두 그날그날 정해질 것이다.

루르드까지 가는 기차 안에서 생장으로의 이동 편을 확인하다가 바욘(Bayonne)에서 생장으로 가는 기차가 취소되었다는 사실을 알게 되었다. '드디어 일정이 꼬이는구나.' 기차에서 무엇을 할 수 있을까? 인터넷 카페에 도움을 청하고 대체 편을 찾아봤다. 그러나 그 자리에서 찾을 수 있는 대안은 없었다. 루르드에서 1박을 하고 일정을 조정해야 하는지 바욘까지는 일단 가서 혹시 있을지 모르는 교통편을 찾아봐야 하는지 고민을 하고 있는데, 택시로 바욘에서 생장까지 100유로 정도 한다는 정보를 찾고 나서 일단 바욘으로 가 보자고 결정했다. 그리고, 루르드에 내리자마자 기차역 매표소에서 생장으로 갈 방법을 물었다. 매표소 직원이 기차는 취소되었지만 같은 시간에 대체 버스 편이 투입된다는 사실을 알려줬다. 기차 안에서 고민은 많았지만 사실 답을 얻은 것은 내려서 매표소에 물어보는 것이었다. 괜한 걱정만 한 것이었다. 걱정을 위한 걱정, 해결할 수 없는 걱정은 하지 말자며 순례길에 올랐지만, 어제 인터넷 문제에 이어 오늘은 교통편 걱정으로 시간을 보냈다. 참 가슴과 머리는 다르게 움직이나 보다.

루르드 기차역에서 루르드 성지까지는 도보로 20분 정도 걸렸다. La Grotte라는 안내판과 바닥 안내선을 따라서 길을 잃지 않고, 잘 찾아갈 수 있었다. 한국 성지만 보던 내게 루르드 성지는 입구에 있는 십자가부터 뭔가 다른 기운이 느껴지는 것이었다. 성지는 동굴성당, 로사리오성당, 대성당으로 이루어졌고, 우리는 미사가 있는 동굴성당으로 우선 발걸음을 옮겼다. 매 시간 미사가 있다는 이야기를 듣고 10시에 맞춰 갔는데 이미 미사는 진행되고 있었다. 전혀 알아들을 수 없는 프랑스어 미사였다. 눈이 계속 오고 있어서 30~40명 정도의 신자들이 동굴 안으로 들어가 제대를 둘러싸고 미사에 참여하고 있었다. 동굴성당은 루르드의 치유의 샘이 있는 곳으로 성녀 베르나데트(Bernadette)가 성모님을 만난 곳이다. 비록 유리로 막혀 있지만 샘은 작은 폭포처럼 계속 물을 쏟아내고 있었다. 성모상이 있는 벽 쪽은 항상 젖어 있다 했고, 나는 의미는 몰랐지만 다른 신자들처럼 젖어 있는 벽을 만지며 기도했다.

　루르드 성지에서는 오전, 오후 정해진 시간에 루르드 샘물에 몸을 담그는 예식을 한다고 했는데, 지금은 작은 잔에 샘물을 받아 마시고, 얼굴을 씻곤 한다고 했다. 그러나 우리는 예식이 진행되는 곳을 찾아볼 생각을 하지 못했다. 그런데 동굴성당 입구에서 구매한 봉헌초를 봉헌하는 곳으로 가려다 길을 잘못 들어 공사로 길이 막힌 곳을 만났는데, 그 옆 건물 안으로 사람들이 들어가는 것이 보였다. 그 건물은 벽에 여러 개의 수도꼭지가 달려 있었고, 그 마지막에 문이 있었다. 무엇인지도 몰랐지만, 막연히 그 앞에서 기다리다 보니, 바로 그곳이 치유의 샘물을 마시고 샘물로 씻는 예식을 하는 곳이었다. 보통은 11시까지 오전 예식이 있다고 했는데, 평소와 달리 오늘은 11시 30분까지 예식이 있어서 마지막 팀으로 예식에 참여할 수 있었다. 수녀님께서 한국어 기도문을 주셔서 진행자가 프랑스어로 기도를 하고, 다른 순례자들은 각자의 언어로 참여할 수 있었다. 우리는 한국어 기

도문을 읽으며 함께 기도했다. 그리고 샘물을 받아 마시고 얼굴을 씻으며, 내게도 마음의 평화와 함께 치유의 은사가 찾아오기를 기도했다. 평상시 안 좋은 소화기가 개선되거나, 관절을 오가는 통증이 사라지면 좋겠다고 생각했다. 또한 가능하다면 샘물은 내가 마시고, 내 몸을 씻지만, 백혈병으로 고생하는 조카 하윤이가 잘 이겨내기를 기도하였다. 언젠가 읽었던 글에서 몸을 씻은 후 샘물을 수건으로 닦아내지 않아도 금방 마른다고 했는데, 얼굴과 머리를 씻은 물은 정말 어느 순간에 다 말라 버렸다. 이 또한 신기한 경험이었다.

봉헌초에 불을 붙이고 가족의 건강과 치유를 기도한 뒤, 로사리오 성당으로 이동했다. 성당의 3면은 각각 5개의 아치에 로사리오 15단이 모자이크로 형상화되어 있었다. 뭔가 새로운 느낌이었다. 그때 친구는 "로사리오 기도를 하면 되겠네" 하며 기도하기 시작했다. 그래서 나도 뒤늦게 로사리오 기도를 시작하였다. 묵주기도를 한 것도 오래되었지만 하루에 15단을 모두 바친 것은 새로운 경험이었다. 15단을 형상화한 각 단에서 묵주기도를 하기 전에 단별로 기도 지향을 정하고 15단을 드렸다. 지향이야 나를 둘러싼 가족과 지인을 위한 아주 개인적인 것이었지만, 왠지 더 들어주실 것 같은 생각이 들었다. 나는 묵주를 준비하지 않아서 열손가락을 묵주 삼아 기도를 했다. 묵주가 있었으면 더 좋았겠구나 하면서 말이다. 나중에 들으니 친구는 2010년 무렵부터 하루도 로사리오 기도를 거른 적이 없다고 했다.

그리고 대성당을 지나 십자가의 길 기도를 하기로 하였다. 친구도 나도 가톨릭 신자이기에 함께 떠난 여행이었지만, 순례의 시작을 로사리오 기도와 십자가의 길 기도로 시작할 수 있을 거라고는 생각하지 못했었다. 예수님을 포함하여 2m가 넘을 듯한 동상으로 형상화한 십자가의 길은 성당 뒤 언덕을 오르며 기도하도록 되어 있었다. 우리는 어깨에 예수님의 십자가는 아니지만, 10여kg의 배낭을 등에 지고 있었기에 십자가의 길을 오르면 오를수록 배낭이 어깨를 누르는 것을 느낄 수 있었다. 3번 넘어지신 예수님이 지신 십자가의 무게와는 비교도 할 수 없지만, 내 삶의 무게가 형상화된 배낭과 함께 십자가의 길을 걸었다. 로사리오 기도를 하면서 어머니, 아내, 아이들 순서로 기도 지향을 둘 때 나를 위한 기도를 고통의 신비 4단 — 예수님께서 우리를 위하여 십자가를 지심을 묵상합시다 — 에서 하였는데, 이번 순례에서 내 십자가와 함께하는 법을 배우고 가야겠다.

이렇게 성지에서 미사를 포함하여 2시간 30분 이상 기도를 하고 간단한 식사를 한 뒤 순례길을 시작할 생장으로 향했다. 루르드 순례는 순례길의 시작으로 너무 좋았으나, 생장으로의 이

동은 맘처럼 되지 않았다. 취소된 기차를 대신하여 버스가 편성되었으나, 우리가 타고 온 기차가 10분 정도 연착하면서 버스를 놓치고 말았다. 취소된 기차의 대체편인데, "기차가 연착하면 당연히 기다려야지" 하고 불평을 하기도 했으나, 소용이 없는 일이었다. 잠시 바욘에서 묵고 아침에 생장으로 넘어갈까를 생각하다 전체 일정이 틀어지는 것을 막기 위해 거금 130유로에 택시를 탔다. 7시 넘으면 30% 할증이라 130유로라고 했다. 이것도 다 순례의 일부이려니 하기로 하고 받아들였다.

생장의 순례자 사무실은 할아버지, 할머니께서 운영하고 계셨다. 순례자 여권을 만들고, 순례길에 대한 안내를 받은 뒤, 순례자 표식이라는 조개껍질 하나를 배낭에 매달고서야 숙소인 공립 알베르게로 들어왔다. 알베르게는 여러 개의 침대가 한 방에 있고, 샤워실과 화장실을 공동으로 사용하는 순례자들의 위한 저가 숙소이다. 공립과 사립으로 구분되고, 숙소에 따라 시설의 차이가 있다는데, 지금은 겨울이라 매우 제한된 알베르게만 이용 가능하다고 했다. 이렇게 해서 순례자 여권에 사무실과 알베르게, 두 곳의 도장이 찍혔다. 예상은 했지만 론세스바예스(Roncesvalles)로 가는 길 중 많은 사람들이 이용하는 나폴레옹 길은 눈으로 인해서 막혔다고 했고, 바칼로스 길도 중간중간에 도로를 이용하라고 했다. 추위는 아직 걱정이 안 되는데 눈은 좀 온 모양이었다.

루르드 로사리오 성당

루르드 마르지 않는 치유의 샘

겨울에 떠나는
산티아고 순례길

루르드 성지의 눈 덮인 십자가의 길 13처

첫 번째 숙소인 생장의 알베르게

—

# 상상 이상의 시작

from Saint Jean Pied de Port to Roncesvalles / 25㎞

아, 돌아보면 안도의 한숨부터 나오는 하루였다. 25㎞ 정도에 7시간 동안 걸을 생각으로 출발하였는데 눈으로 통제된 길이 많아 결국 33㎞ 이상을 걸었다. 그것도 얼마나 가야 하는지도 모르는 상태에서 끝나지 않는 오르막을 걷고 걷고 또 걸었다. 결국 오르막을 31㎞쯤 걷고서야 정상에 도달할 수 있었다. 1057m, 이게 오늘 도로를 따라 걸어 올라간 정상의 높이다.

걷는 동안 점점 두려움이 엄습했다.
'이거 못 가는 거 아니야?'

어제 숙소에는 8명이 묵었다. 나와 언식이, 한국인 아가씨 후남 씨, 혜경 씨, 한국인 남자 훈 씨, 성헌 씨, 일본 대학생 유키 그리고 스페인 친구였다. 숙소에서 만나기는 하였으나, 인사도 제대로 나누지 못하고 우리가 가장 먼저 출발하였다.

7시쯤이었는데, 해가 채 뜨기도 전이라 먼동을 보고 상쾌한 공기를 맞으며 길을 나섰다. 그러나, 어둠 속에서 길을 잘못 들어서 순례길을 따라 가지 못하고 자동차 도로로 오래 가다 중간에야 순례길로 들어섰다. 도로를 걷는 동안 스페인 친구는 자전거로 우리를 추월해 갔고, 순례길로 접어들어 커피 한잔하러 가게에 들렀다가 나머지 5명을 모두 만났다. 그렇게 해서 출발 순서와 상관없이 다시 7명이 함께 길을 떠났다. 자전거로 먼저 간 스페인 친구와 함께 가는 일본인 유키가 있기는 하지만, 첫날 만난 8명 중 6명이 한국인이라는 것은 좀 어색한 경험이었다. 한동안은 좋은 풍광을 보며 상쾌한 몸과 마음으로 정말 자연을 즐겼다. 그런데 도로를 따라 걷는데 오르막이 끝나지를 않는다. 사람들은 점점 속도 차이가 나기 시작했다. 훈 씨와 성헌 씨가 앞서 가고 나와 내 친구 언식이가, 다음에 유키와 후남 씨, 혜경 씨가 뒤에서 길을 가는 순서가 되었다. 근데 아가씨들이 점점 멀어지기 시작하였다. 유키가 같이 오고는 있었지만 우리가 뭘 도와야 하는 건 아닌지 고민이 되었다. 그러는 사이 앞서간 2명을 빼고

**셋째 날**
상상 이상의 시작

5명이 다시 만나기도 했지만, 우리는 각자 알아서 자신의 속도로 길을 가기로 했다. 먼저 유키가 앞서가고 나와 언식이도 앞으로 나갔다. 그리고 또 걷고 오르고 걷고 오르고, 끝이 없다. 그런데 언식이가 처지기 시작했다. 나도 언식이를 따라서 잠시 쉬기도 하고 천천히 가기도 했지만, 결국 우리도 헤어져 각자 가기로 하고, 나는 내 속도에 맞춰 가기 시작했다.

먼저 가서 도움을 요청해야겠다고도 생각했다. 좀 지나니 나도 지치기 시작했다. 오르고 또 올라도 끝이 보이지 않으니, 이제는 의무감에 또 살아야 한다는 절박함에 산을 올랐다. 출발하고 9시간이 지나서야 내리막이 나왔다. 길에 대한 정보라도 있었으면 마음의 준비라도 했을 텐데 이 정도일 줄은 몰랐다. 25㎞에 7시간쯤 걸릴 거라던 순례자 사무실에서의 이야기가 더 힘들게 만들었다.

삶을 살면서도 무슨 일이 나를 기다리고 있을지 예상이 가능한 경우와 그렇지 못한 경우가 있는데, 예상이 되지 못하는 경우는 항상 더 많은 불안감에 긴장했던 것 같다. 다만, 때로는 그 불안감이 기대감으로 나를 살짝 흥분시키기도 했지만 말이다. 숙소를 출발하면서 아침에 준비한 것은 아침으로 나온 얇게 썰어진 바게트에 잼을 발라서 만든 작은 샌드위치와 500㎖ 생수병

에 담아온 물이 전부였다. 길에 대한 준비가 부족했다. 중간중간에 쉴 곳도 있고, 요기도 할 수 있을 거란 생각이 완전히 틀렸다. 어쩌면 눈으로 길이 막혀서 그랬을지도 모르겠지만, 우리를 기다리는 것은 길과 그 길가의 눈뿐이었다. 배가 고프다는 생각은 별로 들지 않았는데, 목은 점점 타들어 갔다. 어느 순간 가져간 물 두 병을 다 마셨다. 그 후에도 너무 목이 말라서 결국은 길가의 눈을 먹기도 했다. 쌓인 눈을 살짝 헤집고 속에서 한 움큼 눈을 집어 입에 넣었다. 입안에서 눈이 녹아 나오는 한 모금의 물이 생명수처럼 느껴졌다. 한 3번은 눈으로 목을 축인 것 같다. 눈마저 없었다면 무엇으로 목을 축였을지 모르겠다.

숙소에 들어와서 맨 먼저 한 일은 "내 뒤에 6명이 있다. 빨리 가서 구해다오"라고 도움을 청하는 것이었다. 그런데 알았다고만 하고 꿈쩍도 안 한다. 또 이야기해도 마찬가지다. 내 뒤에는 언식이와 후남 씨, 혜경 씨 3명과 올라오면서 만난 한국인 부자 3명이 있었다. 그분들은 다른 숙소에서 묵고 출발했다고 했다. 그때 같이 출발했던 분들이 한 분씩 들어왔다. 그래도 살아 있는 표정으로 들어왔다. 그러면서 언식이가 가장 뒤로 처졌다고 했다. 어떡하지. 걱정은 태산이나, 내 몸은 말도 안 듣고, 내가 해 줄 수 있는 것도 없었다. 기다리는 수밖에. 좀 있으니 언식이도 왔다. 결국 다들 죽을 것처럼 힘들어도 다 해 냈다. 언식이

**셋째 날**
상상 이상의 시작

말을 들으니 지나가는 차를 잡아 타고 오려 했는데 아무도 도움을 주지 않았단다. 아마도 도움을 주지 않는 것이 순례자를 정말 돕는 것이라 생각하는 것 같다. 그리고 보니 사무실 직원도 그랬나 보다. 우리보다 앞서 지나간 순례자들 중에도 분명히 탈진하고 일행에서 뒤처진 사람이 있었을 테니 말이다. 돕는 것은 정말 상대방의 관점에서 도와야지 내가 해주고 싶은 것을 하는 것이 도움이 아니라는 것을 다시 한 번 깨닫는 순간이었다.

오늘 저녁은 숙소 옆 식당에서 순례자 메뉴를 먹었다. 야채 수프, 닭고기찜, 그리고 와인. 와인은 이 동네 것으로 보이는데 꽤 괜찮고, 야채 수프의 따뜻함과 닭고기찜의 부드러움이 식사를 만족하게 만들었다. 거기에 아이스크림 디저트까지. 7시에 출발해서 33㎞를 걷는 동안 먹은 거라곤 9시쯤 커피와 함께 먹은 작은 빵 하나였기에, 우리를 맞이한 음식이 너무나 반가웠다. 내게는 만족스런 식사였다.

식사를 마치고, 순례자 미사에 갔다. 순례길의 시작을 알리는 미사라고 할 수 있다. 그리고 보니 같이 움직인 사람 중에 가톨릭 신자는 나랑 언식이뿐인가 보다. 처음 출발하면서 야고보 성인을 기억하는 길을 걷는 것이기에 가톨릭 신자들이 많을 것이라고 생각했는데, 종교적인 의미보다는 이 길이 가지는 고유한

매력에 끌려온 사람들이 대부분이었다. 미사는 신부님 세 분이 집전하셨는데, 그분들은 여기서 순례자들을 돕는 역할을 하고 계신다고 했다. 미사에 참석한 신자는 미사를 도와주고 독서를 하시는 분까지 포함해서 4명. 나랑 언식이만 새로운 식구인 것이다. 한마디도 알아듣지 못하는 시간이었지만 순례 중 미사는 더 은총이었고, 반주 없이 부르시는 신부님의 성가는 더 장엄하게 들렸다. 거기에 우리를 제대 앞으로 불러서 장엄 강복도 주셨다. 순례에 큰 힘이 될 거라 믿는다.

돌이켜 보면, 쓰러질 만큼 힘든 길을 걸었는데 물집 하나 없는 것은 정말 은총이다. 비록 목 뒤가 뻐근하지만. 일기를 쓰는 지금도 눈이 너무 많이 온다. 내일의 변수가 되지 않을까 한다. 하여간 우리 능력 안에서 내일은 무리하지 않기로 했다. 한 20㎞ 정도 가는 걸로. 쭉 내리막이라니 무릎을 더 조심해야겠다.

**셋째 날**
상상 이상의 시작

순례길의 시작. 먼동도 트기 전에 길을 나섰다.

론세스바예스로 가는 길에서

겨울에 떠나는
산티아고 순례길

도로를 따라 오르던 끝이 없는 오르막길을 되돌아보며

**셋째 날**
상상 이상의 시작

**넷째 날**

## 배려: 다른 사람의 속도를 인정하기

오늘의 시작은 어젯밤 악몽으로부터 시작되었다. 미사를 마치고 순서를 기다려서 세탁을 했는데, 세탁기도 건조기도 중간에 멈춰 버렸다. 배수구가 막힌 모양이었다. 탈수를 하면 갑자기 세탁조로 더러워진 비눗물이 역류했다. 알고 보니 앞 사람들도 그랬는데 아무도 지켜보지 않았기 때문에 이유를 모르고 조작 잘못인가라고 생각하고 있었다. 참 어리석었다. 앞 사람들이 세탁기에 문제가 있다고 이야기하면 그대로 듣고 세탁기를 사용하지 말았어야 했는데, 나는 왜 그들과 다를 것이라고 생각했는지. 어리석음의 대가는 가혹했다. 세탁기가 구정물과 함께 빨래를 내놓은 시간은 밤 11시. 그때부터 손빨래를 시작했다. 나보다 더 힘든 하루를 지냈을 언식이 빨래까지 내 몫이었다. 비눗물이 안 나오는 것은 포기했지만 적어도 구정물은 안 나와야 했기에 열심히 헹구고, 꽉 짜서 널어 놓고 잠자리에 들었다. 날은 춥고, 난방은 최소로만 제공되는 상황에, 건조대는 난방도 되지 않는 응접실에 있어서 사실 빨래가 마를 것 같은 생각은 들지 않았다.

언제나 불길한 예감은 틀리지 않는다고, 아침에 그 누구의 빨래도 마르지 않았다. 젖은 빨래를 비닐봉지에 넣고 더 무거워진 배낭을 메고 출발할 수밖에 없는 상황이었다. 젖은 빨래를 정리하고 밖으로 나와 보니, 세상이 온통 흰 눈으로 덮여 있었다. 밤사이 20~30㎝쯤 눈이 온 것 같았다. 정말 새 눈을 밟는 느낌은 좋았다. 스패츠를 차고 나갔으니 씩씩하게 눈길을 걸었다. 발목이 다 잠길 정도의 깊이였다. 멋진 모습에 감상도 잠시. '어떻게 이동하지?' 걱정이 쏟아졌다. 식당 앞에서 눈을 치우고 계신 마을 분에게 이 정도면 길을 갈 수 있겠냐고 여쭈어 보자, 이 정도면 문제가 없다고 하셨다. 이 마을 사람들의 기준을 알 수는 없지만, 그래도 그 말 한마디로 용기를 얻었다. 빵 한 조각과 오렌지 주스, 그리고 커피 한잔의 아침 식사를 마치고 바로 출발했다. 8시가 조금 넘었다.

눈보라가 몰아치고 차도에는 제설 차량이 계속 다니는 옆으로

넷째 날
배려: 다른 사람의 속도를 인정하기

도로를 따라서 걷기 시작했다. 언제쯤 진짜 순례길을 따라 갈는지. 오늘도 어제와 마찬가지로 도로로 갈 수밖에 없었다. 그래도 눈꽃이 가득 핀 도로는 너무 멋있었다. 이렇게 눈을 맞으며 오늘의 카미노는 시작되었다. 무리하지 말자는 생각에 중간중간 몸도 녹이고 식사도 하면서 천천히 길을 걸었다. 어제와 달리 오늘은 길가에서 적당한 시간에 식당을 만날 수 있었고, 점심으로 따뜻한 수프와 돼지고기 스테이크, 대구 요리를 먹었다. 곁들인 스페인 맥주가 진하고 입에 맞았는데 이름을 묻는 것을 깜박했다. 안주로 나온 올리브 절임도 짠맛이 아니라 '아, 올리브가 이런 맛이구나' 할 정도로 새콤하게 맛있었다. 그런데 물을 마시기 시작하니 그 자리에서 거의 1리터를 마셨다. 정말 목이 말랐나 보다. 음식은 별로 짜다고 느끼지 않았었는데. 4시간 동안 벌써 몸의 수분이 마른 것인지, 사실은 음식이 짰는지 잘 모르겠다.

　다시 시작한 순례길. 이번에는 언식이가 앞서 나간다. 잠시 겹쳐 입은 옷을 하나 벗고, 물 한 모금 마시고 보니 언식이가 보이지 않는다. 나도 힘을 내서 쫓아가려 해도 얼마나 갔는지 알 수가 없다. 어제는 그렇게 힘들어하더니 오늘은 제일 앞서가는 거다. 갑자기 템포, 속도라는 단어가 머리를 가득 채운다. 모든 일은 또는 모든 사람은 각자의 속도를 가지고 있다. 매우 빠른 사람, 정말 느린 사람처럼 확연히 표시 나지 않더라도 일하는 방식

과 속도는 엄연히 사람에 따라 다르다. 그런데 우리는 각자의 속도를 인정하지 않는다. 정해진 시간 안에 주어진 일을 하냐 못하냐, 그 성과물이 기대에 만족스럽느냐 아니느냐만을 따진다. 개인의 고유한 속도를 인정하기 참 어렵다. 배려라는 말을 많이 하는데 그 사람의 속도를 인정해 주는 것이 배려가 아닐까 하는 생각이 갑자기 든다. 그리고 더 나아가 다른 이의 속도에 맞춰 주는 것이 사랑이 아닐까? 사랑을 막 시작하면 누구나 상대방에게 맞추기 위해 최선을 다한다. 정말 평소에는 상상할 수 없는, 이제까지 함께한 가족도 친한 친구들도 처음 보는 행동을 한다. 그게 정말 사랑인 것이다. 진심에서 나오는 것이라면. 그런데 시간이 지나면서 우리는 사랑하는 사람의 속도를 인정하는 것이 아니라, 나나 세상의 속도에 맞추라고 더 강요하는 것 같다. 특히나 자식들에게 더 그렇다. 요즘 아이들 덕분에 많이 배우고 있지만, 아직도 아이들의 속도에 맞춰 주는 것은 쉽지 않다. 그렇지만 내가 아이들의 속도를 인정하고 맞춰 주는 것, 그것이 진정 사랑이라 생각한다. 나나 세상의 기준으로 더 좋은 방법과 세상의 속도를 강요하는 것이 아니라, 아이의 기준에서 아이만의 속도에 나를 맞춰 보는 것이다.

어제 결국 한 사람씩 흩어져 목적지에 도달하면서 상대의 속도에 맞추는 것이 얼마나 어려운지 알았고, 그래서 각자의 속도를 존중하자고 했던 말대로 오늘은 언식이가 자신의 속도에 맞추어 앞서갔다. 둘이 걸으면 더 좋았겠지만 혼자 걷는 길도 충분히 좋았다. 오늘도 결국 30㎞ 이상을 걸었다. 카미노 지도에는 21.5㎞라고 했지만, 오늘도 자동차 도로를 따라 오면서 길이 많이 길어졌다. 그래도 어제와 달랐던 것은 도로 표지판에 남은 거리가 나오는 거다. 현재의 위치를 아는 것이 힘을 안배하는 데 큰 도움이 되었다.

산길을 내려오는 도중에 눈보라가 그치고 햇살이 나기 시작했다. 눈꽃의 아름다움과는 또 다른 맑은 하늘과 설산 그리고 언덕 위의 집들이 조화롭게 어우러졌다. 평화 그 자체였다. 어제는 그렇게 올라가기만 하더니 오늘은 쭉 내려간다. 어른들의 말씀처럼 올라가면 내려오기 마련이고 또 내려가다 보면 올라갈 때가 있을 것이다. 올라가기만 하려 하는 것이 얼마나 부질없는 것인지.

오늘 숙소는 수비리(Zubiri) 입구에 있는 동물들의 병을 낫게 한다는 다리를 보기 위해 길을 들었다. 다리 옆에서 들어오라는 주인 아저씨의 말에 그냥 들어갔다. 라 라비아 다리(El Puente de La Rabia)는 순례길을 따라 내려오면 마을 입구에 있는데, 우리는 도로를 따라 내려왔기에, 마을을 가로질러 찾아갔다. 어제와는 다른 분위기다. 일단 주인 아저씨가 매우 친절하다. 열심히 뭔가

설명하신다. 조금 있으니, 론세스바예스에서 출발한 일행들이 하나둘 들어온다. 약속도 하지 않았는데, 같은 숙소로 들어오는 것이 너무나 신기했다. 우리만 몰랐지, 알고 보니, 이 숙소가 한국 사람들 사이에서는 친절한 숙소로 소문이 나 있는 곳이라고 했다. 일단 젖은 빨래를 벽난로 옆에 널고 저녁을 먹으러 나섰다. 그런데 정말 춥다. 배낭을 매고 걸을 때와 어슬렁거리며 마을을 거니는 것의 차이가 이렇게 큰지 몰랐다. 걷는 동안은 나도 모르는 사이에 몸이 뜨거워지고, 없는 힘도 나는 모양이다. 간단히 저녁을 해결하고 다시 숙소에 들어와 하루의 여정을 마무리했다.

**넷째 날**
배려: 다른 사람의 속도를 인정하기

치워도 계속 쌓이는 눈 속에서 론세스바예스를 출발했다.

눈이 멎은 후의 풍경은 또 다른 시원함을 준다.

겨울에 떠나는
산티아고 순례길

숙소에서 내려다본 라 라비아 다리

**넷째 날**
배려: 다른 사람의 속도를 인정하기

# 만나고 헤어지고, 서로 동반자가 되다

from Zubiri to Pamplona / 20.3㎞

쉬운 길은 없다. 오늘 걸은 20여㎞는 비교적 쉬운 길이라는 말을 듣고 출발하였으나 숙소로 돌아온 지금은 몸이 다 지쳐 있다. 어제까지 이틀간은 눈으로 인해 도로를 따라 걸었지만, 드디어 오늘 처음으로 카미노 길에 들어섰다. 마을과 마을 사이에 숲속을 지나는 길은 누구나 편안함을 느끼게 할 것이다.

오늘은 출발 때 비가 왔다. 비옷을 꺼내 입고 인증샷을 찍으며 힘차게 출발했다. 20㎞이니까 4시간이면 되겠지. 그런데 숙소에 도착한 시간은 6시간이 넘었을 때였다. 간단한 식사를 하느라 1시간 정도 멈춰 서긴 했지만 시속 4㎞ 이상이 나오지 않는

다. 800㎞는 하루에 시속 4㎞로 걷는 시간만 6시간 이상 되어야 32일 정도에 갈 수 있는 거리였다. 길의 높낮이가 다르니 가끔은 7시간도 걷고 8시간도 걸어야 32~33일에 산티아고에 도착할 것이다. 출발 전에는 한 시간에 5㎞는 갈 줄 알았는데, 산길도 산길이지만 등에 짊어진 10여㎏의 배낭은 내 몸을 뒤에서 잡아 끌고 있는 것 같았다. 오늘은 일요일이어서인지 중간에 문을 연 바르(Bar, 카페)도 없어서, 목적지 3㎞ 전까지 17㎞ 정도를 거의 쉼 없이 걸어 왔다. 어제 너무나 훌륭한 식당을 만났었기에, 중간에 당연히 식당에서 뭔가를 먹을 수 있을 거라는 생각으로 간단한 간식조차 준비하지 않았었다. 그나마 유키가 에너지 바를 나눠 주어서 먹은 게 큰 도움이 되었다. 유키 등에는 20㎏이나 올라가 있다. 그는 이제 대학 2학년으로 대학에서 산악반을 하고 있는데, 친구를 산에서 잃은 경험이 있어서, 조난에 대비해서 필요한 물품을 모두 들고 다닌다고 했다. 유키는 그 친구 이름으로 한 장의 순례자 여권을 더 만들어서 세상을 떠난 친구와 함께 이 길을 걷고 있다고 했다. 언식이도 유키의 말을 듣고, 먼저 세상을 떠난 친구의 여권을 한 장 더 만들었다.

산티아고로 가는 길이 여러 가지이듯이, 오늘 여정인 수비리에서 팜플로나(Pamplona)로 오는 길도 여러 가지다. 어제는 나와 언식이는 눈을 피해 도로를 따라 걸었고, 다른 친구들은 중간에 카미노 길로 들어가 눈과 진흙을 밟고 왔었다. 그런데 오늘은 반대로 우리는 처음부터 카미노 길을 갔고, 나중에 출발한 친구들은 도로를 택했다. 그 친구들은 구글 지도를 따라서 걸어 왔다고 했다. 이제는 순례길도 구글이 가르쳐 준다. 출발은 우리가 빨랐지만 중간에 쉬는 길가에서 다 만났다. 그리고, 같이 출발했지만 다시 우리가 앞서 간다. 그러다 우리는 점심을 먹기 위해 식당으로 들어갔고, 다른 친구들은 그냥 길을 걸었다. 샌드위치와 맥주 한잔으로 요기를 하고 다시 길을 따라 숙소에 오니 다른 친구들은 이미 여장을 풀고 상점에 다녀온다고 했다. 저녁과 내일 아침을 해 먹을 생각이란다. 중간에 장을 봐서 해 먹을 생각은 하지도 못했는데 젊은 친구들은 자신들의 예산에 맞춰 간단히 먹기도 하고, 식료품을 사서 요리를 하기도 한다. 대견하다는 말이 맞는지 모르겠으나 젊음은 다르구나라고 생각하면서 작년에 큰 아이가 다녀 온 배낭여행이 생각났다. 친구들은 돈이 부족하니 해먹자고 하는데 자기는 맛있는 것 사 먹고 싶었다는.

그건 그렇고. 오늘 배운 것은 이렇게 짧은 거리도 다양한 방법으로 오고 그 길이 제대로 된 길이기만 하다면 시간과 과정은 조금 다를지 몰라도 길은 목적지로 데려다 준다는 것이다.

숙소에 들어오니 나름 깔끔하고 싼데 나는 와이파이가 안 된

다. 되는 사람도 있고 안 되는 사람도 있었다. 뭔가 시작 페이지가 나와서 로그인을 해야 하는데 나는 시작 페이지가 안 나온다. 이런 날도 있는 거지. 어쩔 수 없다. 세탁기가 있어서 빨래를 하고 미사를 드리러 동네 성당으로 갔다. 대성당은 저녁 미사가 없고, 어거스틴 성당에서 저녁 미사가 있었다. 역시나 아무 말도 알아들을 수 없지만 미사의 은총은 똑같으리라. 참 성당이 화려하다. 아름답다는 표현보다는 화려하다는 표현이 더 어울린다. 정말 그 시대에는 종교가 세상을 지배했구나 하는 생각을 했다.

미사를 마치고 식당을 찾아가는데 안주거리 이상을 파는 곳이 없다. 결국 중국 마트에서 한국 라면을 사와서 끓여 먹었다. 싼값에 배를 채우는 데는 라면만 한 것이 없다. 어제 저녁부터 라면을 먹기 이전까지 계속 바게트에 뭐 얹은 것만 먹어서 더 힘이 들었나 보다. 오늘 저녁은 잘 먹으려 했는데 일요일이라. 또 기회가 있겠지.

저녁을 먹으면서 같이 걸어 온 유키와 많은 이야기를 하였다. 이제 대학교 2학년 1998년생이란다. 술을 참 좋아하고, 검도 일본 1등도 했다 하고, 지금은 드럼을 좋아한단다. 그리고 식충식물을 기르는 것을 좋아한단다. 가장 좋아하는 것은 등산이고, 전공은 삼림학과인데 나중에 벌목을 하고 싶다고도 하고, 정말

다섯째 날
만나고 헤어지고, 서로 동반자가 되다

재미있고 즐거운 친구다. 유키는 내일 이곳 팜플로나에서 하루 더 묵는다고 했다. 그래서 우리는 헤어짐을 아쉬워하였는데, 유키가 우리 순례자 여권에 직접 그린 스탬프를 남겨 주었다. 이것은 기대하지 않은 추억이 될 것이다.

이렇게 만 4일이 지났다. 무릎이 좀 아프기 시작하고 벌써 작은 물집이 생겼지만 이 길 위에서 많은 은총을 받을 거라 생각한다.

팜플로나 가는 길

팜플로나 구시가지의 입구 중 하나인 프랑스문(Portal de Francia) 앞에서

**다섯째 날**
만나고 헤어지고, 서로 동반자가 되다

팜플로나의 골목길

거울에 떠나는
산티아고 순례길

# 용서의 언덕: 힘든 것도
# 상대적이다

from Pamplona to Puente la Reina / 24㎞

　오늘은 나름 어려운 길이라는 말과 오른쪽 무릎의 통증으로 다소 걱정을 하며 출발했다. 아침은 여느 날처럼 간단히 빵과 주스, 커피로 해결하고 길을 나섰다. 약간 비가 추적이기는 하지만 상쾌한 기분을 느낄 수 있었다. 걷고 또 걷고. 우리가 할 일은 걷는 것뿐이었다.

　오늘은 간간히 비나 눈이 오기도 했지만 정말 맑은 하늘을 보면서 길을 재촉했다. 중간에 만난 무지개는 이제까지 본 것 중에 가장 가까이 가장 넓은 것 같았다. 하느님이 노아에게 더 이상 홍수로 세상을 멸하지 않으시겠다는 약속을 하신 것처럼 마치 더 이상 내게 고난은 없을 거라는 약속처럼 멋진 무지개였다. 초원과 낮은 산은 윈도우즈(Windows)의 배경과 같은 느낌을 주었고, 정말 편안한 풍경이었다.

　오늘은 걸으면서 겨울에 오기를 너무 잘했다는 생각이 들었다. 비록 중간 도시의 숙소나 식당이 모두 문을 닫아서 아침 이후에는 자연스럽게 저녁을 먹을 수밖에 없는 형편이었지만, 길은 우리를 위해서 비워져 있었고, 한두 명 만나는 순례자들도 모두 따뜻한 인사를 나눈다. 아마 사람들이 줄 서서 지나간다는 여름이었다면 상상도 할 수 없는 호사라는 생각이 들었다. 한번은 팜플로나에서 순례를 시작한다고 하셨던 스페인 아저씨가 갑자기 벚나무 근처에서 무언가 깨고 계셨는데, 그 아저씨 말씀으로는 그 나무가 벚나무가 아니라 아몬드나무라고 했다. 우리도 같이 열매 몇 개를 깨어 보니 정말 호두처럼 딱딱한 껍질 속에서 아몬드가 나왔다. 와! 아몬드가 사실은 이런 맛이었구나. 바짝 마른 볶은 아몬드가 아니라 촉촉한 생아몬드는 처음이었다. 이제까지의 아몬드 맛과는 또 달랐다. 이 또한 이 시기에만 맛볼 수 있는 색다름일 것이다. 물론 여름 순례에서는 더위와 싸움을 해야 하기도 하지만, 많은 사람들 속에서 또 다른 배움과 즐거움을 누릴 수 있다고 들었다.

겨울에 떠나는
산티아고 순례길

오늘도 산 하나를 넘었다. 산 정상에는 많은 풍력발전용 풍차가 있었고 순례자를 형상화한 조형물과 그 지점에서 주요 도시까지 방향과 거리를 알려 주는 이정표가 있었다. 그 이정표에 서울이 있는 것은 무척이나 반가웠다. 9,700㎞, 지금 나와 가족들 사이의 거리다. 산티아고까지는 직선거리로 550㎞. 그러나 우리가 가야 할 길은 여전히 700㎞ 이상이 남았다. 이 언덕을 용서의 언덕이라고 한다 들었다. 올라가는 길이 힘들어서 올라가면서 자신과 주변을 돌아보고, 스스로 용서하지 못한 자신이나 타인에 대한 용서를 떠올리며 걷는 길이라는 것이다. 우리는 첫날 너무 어렵게 올라간 기억이 있어서 별 어려움 없이 정상에 도달할 수 있었지만, 생장에서 시작하지 않고, 론세스바예스 이후에 시작한 사람이라면 올라오는 데 다소 어려웠을 수도 있겠다고 생각했다. 어렵다, 힘들다는 언제나 비교급이니까 말이다. 산 정상에서 맑은 공기와 성취감을 느끼고 있는데 차가 한 대 올라오더니 우리가 행복을 느끼고 있는 자리에서 사진을 찍고 간다. 그렇게 당황스러울 수가 없었다. 정말 세상은 불공평하구나 하고 느끼면서도 그들이 느끼는 정상에서의 행복은 지금 내가 느끼는 것과는 다를 것이라고 생각했다. 우리는 수고와 고통을 지나서 얻은 기쁨과 행복이지만 그들은 아마도 그냥 세상에 널린 행복 중에 하나를 주운 것일 것이다.

**여섯째 날**
용서의 언덕: 힘든 것도 상대적이다

내려가는 길이 문제다. 무릎이 좀 아프다 보니 내리막은 힘이 들었다. 그러다 넘어졌다. 길은 미끄럽고 다리에 힘은 없고. 엉덩방아를 찧고 일어나려고 해도 쉽게 일어나지지가 않았다. 등에는 무거운 등짐이 있는 데다 바닥은 미끄러워서 자꾸 미끄러졌다. 등산 스틱에 의지해서 간신히 일어났다. 그 사이 언식이는 이 사실을 모르고 한참 앞으로 나갔다. 하여간 정말 다행이라 생각했다. 넘어지는 경험도 했으나 다치지 않았고 등산 스틱 덕분에 잘 일어났다. 우연히도 그 직전에 장갑까지 꼈다. 길가 돌무덤에 돌을 얹고 계속 길을 갔다. 길을 한참 가다 보니, 앞서 갔던 언식이를 다시 만났다. 언식이는 길가 성모상 앞에서 묵주기도를 하고 있었다. 그리고 또 잠시 함께 길을 걸었다. 다 좋은데 오늘도 문을 연 음식점이 없었다. 그나마 어제 에너지 바를 몇 개 산 것이 다행이었다. 그 힘으로 버텼다. 배가 고프면 힘이 떨어진다는 것을 뼈저리게 느끼고 있다. 배가 고프면 발이 땅에서 떨어지지 않는다. 그럼에도 불구하고, 산타 마리아 데 에우나테 (Santa Maria de Eunate) 성당을 보고 가기로 했다. 성당에 가려면 3~4㎞ 정도 돌아가야 했지만, 팔각형의 성당과 특별한 성모님을 모시고 있다는 언식이의 말에 잠시 길에서 벗어났다. 팔각형의 성당은 다른 성당들과는 그 느낌부터 달랐다. 마치 원형 같아 보이기도 했다. 문을 열지 않아서 들어갈 수는 없었지만, 성당 모습을 바라본 것으로 만족하기로 했다. 이제 5㎞ 정도면 오늘

목적지에 도착한다. 여기까지는 언식이와 같이 왔었는데, 언식이가 다시 앞으로 나간다. 곧은 길이 아니다 보니, 이미 안 보일 정도로 멀리 갔다. 그런데 숙소에서 먼저 기다리고 있는 것이 아니라, 숙소 앞에서 언식이를 만났다. 마을 입구에서 순례길을 알려주는 화살표를 못 봐서, 길을 좀 돌아왔다고 했다. 역시 올바른 길로만 간다면 다 만나게 되어 있다.

언식이와 오늘 저녁은 스테이크를 직접 해 먹기로 했다. 어제 식당을 찾다가 낭패를 본 것이 스페인 사람들의 낮잠 문화다. 2시부터 5시까지는 거의 모든 가게가 문을 닫는다. 거기에 어제는 일요일이라 저녁에도 문을 연 식당을 찾지 못했었다. 고기를 사러 슈퍼마켓을 찾아 갔는데 슈퍼마켓도 5시까지는 문을 닫았다. 그리고 보니, 약국도 문을 닫는다. 뜨거운 햇살 아래에 사는 스페인 사람들의 삶의 지혜와 여유가 함께 어우러진 습관이겠지만, 나는 금방 익숙해지지는 않는다. 가게 문이 닫힌 김에 마을을 한 바퀴 돌아보고, 마을 이름의 기원인 여왕의 다리를 찾아갔다. 순례자들이 강을 만나서 길을 돌아갈 수밖에 없는 사정을 알고, 여왕이 다리를 만들어 줘서 이 마을이 여왕의 다리, 푸엔테 라 레이나(Puente la Reina)가 되었다고 한다. 우여곡절 끝에 고기와 파스타를 샀다. 언식이와 같이 요리한 스테이크와 파스타는 정말 순례자의 만찬이었다. 거기에 와인 한잔까지.

**여섯째 날**
용서의 언덕: 힘든 것도 상대적이다

참 어제 헤어졌던 유키를 다시 만났다. 그는 하루 더 팜플로나에 묵으려 했는데, 그 숙소 규칙으로는 이틀을 잘 수가 없다고 해서 다음 도시를 향해서 늦게 출발했다고 했다. 그런데 오는 길에 문을 연 숙소가 없어서 결국 여기까지 온 것이었다. 이건 겨울 카미노의 치명적인 단점이다. 중간에 머무르거나 발길이 닿는 대로 더 갈 수가 없다. 숙소가 문을 연 도시에 머무를 뿐이다. 그러나 이 또한 내게는 축복이었다. 계획 없이 배낭여행을 하는 것이 희망 중에 하나였는데 그렇게 가고 있었다.

오늘도 이제 자려고 한다. 정말 피곤하다. 그래도 누군가와 함께 있고 갈 곳이 있는 것이 행복하다. 점점 단순해지고 있다. 시간이 흐를수록 가족의 소중함과 그들을 정말 사랑하고 있는 나를 만난다.

카미노에서 처음 만난 무지개

멋진 순례자 조형물과 '서울 9,700k'가 적힌 이정표가 있었던 용서의 언덕 정상

**여섯째 날**
용서의 언덕: 힘든 것도 상대적이다

용서의 언덕에서 내려가는 길

겨울에 핀 벚꽃인 줄 알았던 아몬드꽃

겨울에 떠나는
산티아고 순례길

산타마리아 데 에우나테 성당

여왕의 다리

**여섯째 날**
용서의 언덕: 힘든 것도 상대적이다

—

# 식사: 동행의 시작

from Puente la Reina to Estella / 21.9㎞

길에 맡긴다. 살다 보면 내가 어찌할 수 없는 일들이 있기 마련이다. 이번 여행이 그런 것 같다. 이 길이 허락하는 것만을 우리는 할 수 있다.

오늘 아침은 좀 다르게 시작했다. 일단 출발을 서두르지 않았고 아침을 든든히 먹기로 했다. 지난 이틀간 아침은 바게트나 크루아상에 커피와 주스를 먹고 출발했으나, 며칠간은 식당 — 여기서는 바르(bar) — 을 만날 수가 없어서 7~8시간을 허기를 달래며 걸어야 했기에 아침을 잘 먹는 것이 중요하다는 생각을 더하게 되었다. 어제 낮에 힘들 때 정말로 에너지 바가 에너지를 주는 것을 경험했기 때문이다. 아침은 바게트와 커피 그리고 어제 사 온 양파 수프에 남은 삼겹살을 넣어서 끓인 돼지고기 양파 수프를 먹었다. 3.5유로 정도에 먹던 아침과는 비교할 수가 없이 속이 든든했다. 그리고 좀 늦었지만 8시 반에 보다 힘차게 출발했다.

오늘은 이제까지와 달리 내리막도 긴 오르막도 별로 없는 평탄한 길이었다. 숲속 길도 아니고 초원길에 가까운, 앞도 보이고 예측이 가능한 길이랄까. 그래도 언제나 쉬운 길은 없다. 지도는 20㎞ 남짓을 이야기하기에 6시간 이전에는 마칠 거라 생각했으나 오늘도 7시간이 걸렸다. 그래도 어제보다는 무릎이 덜 아파서 걷는 것은 그래도 괜찮았다.

어쩌다 보니 오늘은 꽤 오랫동안 같은 일정으로 움직이는 친구들과 함께 걸었던 것 같다. 여러 명이 함께 걸으면 많은 이야기를 하기도 하지만, 오늘은 이야기를 하기보다는 그냥 함께 걷기만 했다. 중간에 구글이 안내하는 빠른 길이 있다 해서 잠시 자동차 도로를 걸었는데, 생각해보면 급할 이유도 없고 산티아고에 빨리 가는 것이 목적도 아닌데 하는 생각이 들었다. 나와 언식이는 화살표를 기본으로 카미노 길을 따라 가고 있었는데, 구글 지도를 따라 도시를 연결해서 걷는 사람들도 있었다. 많은 일들이 이와 비슷하지 않을까? 속도가 중요한 것도 아니고, 오늘

못 하면 내일 할 수 있는 것들이고, 내일 한다고 달라지지도 않는데 오늘의 시간을 너무나 괴롭히는 일들 말이다. 물론 하루가 급한 일도 있겠지만 말이다. 이러한 생각을 하는 것도 이 길에 올랐기 때문에 가질 수 있는 여유가 아닐까 한다.

오늘도 중간에 거친 모든 마을의 바르와 알베르게는 문을 열지 않았다. 오늘도 초콜릿 바로 점심을 할 수밖에 없었다. 결국 길이 허락하지 않는 것이다. 겨울 카미노의 가장 큰 장점이 여유로움인데 가장 큰 단점이 정해진 도시만 숙박이 가능하다는 것이다. 사람이 적으니 모든 가게를 열 필요가 없는 것이다. 즉, 장점이 단점이 되고 단점이 장점이 되는 것은 아닐까? 물론 우리가 걷고 있는 2월 말, 3월 초의 심한 날씨 변화도 단점일 수 있다. 특히 오늘은 이제까지 일정 중에 가장 춥다는 느낌이 들었다. 어쩌면 처음 눈을 맞으며 걸었던 때가 더 추웠을 수도 있지만, 그때는 오르막이라 몸에서 열이 나서 덜 추위를 느꼈고, 오늘은 평지를 걷느라 땀이 덜 나고, 눈이 얼굴에 계속 부딪히니 더 춥게 느낀 것 같다. 그래도 버틸 만했던 것은 꾸준히 걸었기 때문일 것이다.

그간 함께 움직이던 사람들은 언식이와 나, 후남 씨, 혜경 씨, 유키를 포함한 청년 셋에 삼부자인데 오늘은 목적지가 달랐다.

어제는 같은 마을에 다른 숙소였는데, 오늘은 후남 씨, 혜경 씨와 훈 이렇게 3명의 친구들은 한 마을을 더 갔다. 남은 7명 중 가족 3명을 제외한 4명은 신나게 먹을 생각으로 장을 보러 갔다. 저녁은 정말 푸짐했다. 돼지고기 구이, 치킨 햄 가스에 언식이가 만든 찌개와 감바스 그리고 밥. 여기에 와인과 호박양파볶음까지. 이것을 어떻게 다 먹나 했는데 다 너무 맛있었다. 이 길에서 얻을 부수적인 것에는 체중 감량도 있었는데, 이러다 살은 하나도 안 빠지는 것이 아닌지 모르겠다. 그래도 잘 먹는 게 좋다. 이렇게 식사를 함께 준비하고, 나누어 먹으면서 정말로 동반자가 되는 느낌이었다. 일주일 가까이 같은 목표를 향해 같은 길 위에 있었지만, 음식을 함께 나누고 나서야 같이 가는 사람이라고 말해도 되겠구나 하는 생각이 들었다. 모두가 각자만의 이유가 있어서 순례를 시작했겠지만, 길을 함께 걷는 동안은 서로에게 위안과 힘이 되어 준다. 어쩌면 앞으로는 더 자주 함께 식사를 할 수 있을지도 모른다는 생각을 했다.

내일은 30㎞ 정도가 예정되어 있다. 길이 나름 쉬우니 30㎞를 가라 하겠지만 은근히 걱정도 된다. 그런데 중간에 숙소가 없다면 어차피 그냥 갈 수밖에 없다. 길이 허락하지 않는 것이니까. 조금씩 조금씩 익숙해져 간다. 내가 길을 걷는 것에서 길이 나를 인도하는 것으로.

**일곱째 날**
식사: 동행의 시작

에스테야(Estella) 가는 길

겨울에 떠나는
산티아고 순례길

여덟째 날

# 미사가 걸음을
# 멈추게 한 하루

from Estella to Los Arcos / 21.2㎞

오늘은 부활절을 준비하는 40일인 사순절이 시작하는 재의
수요일이다. 그래서 더 미사를 드리고 싶었다. 이곳에는 아침 미
사가 없어서 에스테야(Estella)를 출발해서 로스 아르코스(Los Ar-
cos)로 향했다. 내일을 생각하면 6~7㎞ 더 가서 있는 토레스 델
리오(Torres del Rio)에 묵어야 했으나 로스 아르코스의 성당이 웅
장하고, 미사도 저녁 7시 반에 있다고 해서 오늘은 로스 아르코
스까지만 가기로 했다. 지금까지 카미노 안내서의 31일 기준 여
정을 따라가고 있었는데, 오늘이 처음으로 안내서에 나온 거리
보다 짧게 움직인 날이었다.

아침은 어제 남은 음식들을 활용해서 준비했다. 인스턴트 닭고기 수프에 어제처럼 돼지고기를 조금 넣고 어제 남은 밥을 넣어서 끓이니, 돼지고기가 들어간 닭죽이 되었다. 여러 명이 함께 있으니 다양한 음식이 가능했다. 요거트와 콘슬로우를 더하니 완벽한 아침식사가 되었다. 성헌 씨가 사온 귤과 바나나는 비상식량으로 가방에 넣고 하루를 시작했다.

오늘은 모두가 헤어지는 날이다. 교수님 가족은 이번에 대학에 갈 큰 아들 요섭이만 남겨두고 한국으로 돌아가시고, 요섭이는 혼자 남은 여정을 한다고 했다. 귀국편 비행기를 탈 바르셀로나까지 기차로 이동할 아버지를 배웅하기 위해 요섭이는 우리가 출발할 때까지 출발하지 않았었다. 유키는 오늘도 하루 쉬겠다고 했고, 같은 숙소에 이틀 머물 수 없는 규칙에 따라 다음 마을까지만 간다고 했다. 다음 마을에는 어제 앞서간 친구들이 묵은 숙소가 있기에 아마도 그곳에서 하루를 쉴 것이다. 그리고 성헌 씨도 일정에 여유가 있어서 서두르지 않을 거라 했다. 그러고 나니 이제 언식이와 나 이렇게 둘이 되었다. 참, 또 다른 한 명의 한국 분이 며칠 같은 숙소에 묵었는데, 그분은 이번이 다섯 번째 순례라고 했다. 그저 놀랄 뿐이었다. 무엇이 다섯 번이나 그를 이곳으로 불렀을까? 엊그제 용서의 언덕 정상에서 우리가 풍경에 빠져 사진을 찍고 있을 때 그냥 훅 지나간 사람이 있었는

데, 바로 그분이었다. 그때는 정말 이상하게 생각했는데, 아마도 다섯 번째라서 별다른 감응이 없었나 보다. 하여간 그분은 언제나 제일 먼저 출발한다. 아침에 로스 아르코스까지 가신다 했는데 이곳 숙소에 없는 걸 보니 더 가셨거나 다른 숙소에 묵으시는 모양이었다.

출발할 때 언식이와 각자 자신의 속도에 따라 알아서 가자고 했기에 오늘은 처음부터 언식이가 앞서 나갔다. 정말 잘 간다. 나는 속도가 나지 않았다. 특히 오늘이 그랬다. 중간에 와인의 샘이라고 수도원에서 건물 외벽에 와인 꼭지를 만들어 지나가는 모든 순례자들이 와인을 마실 수 있도록 한 곳이 있는데, 그곳에서 언식이가 기다려줘서 잠시 만나고 남은 17㎞를 정말 혼자 걸었다. 와인 꼭지를 수도꼭지처럼 틀면 물 대신에 와인이 나오는 곳이다. 무료로 계속 제공되는 것이지만, 꼭지에서 와인을 받아먹는 기분 때문인지 마실 만하다고 느꼈다. 이후 가끔 앞서가는 언식이가 보이기도 했지만 대부분은 앞으로도 뒤로도 아무 인적이 없는 길을 혼자 걸었다. 오늘은 정말 다른 생각도 나지 않았다. 그야말로 길을 가는 것이었다. 점점 몸은 무거워지는데 비는 점점 더 오고, 비가 오니 길가에 앉아서 쉴 수도 없고, 그저 앞으로 갈 수밖에 없었다. 나중에 언식이 말을 들어 보니 언식이는 속도가 붙으면, 쉬는 것이 더 힘들게 한다고 했다. 그런데

**여덟째 날**
미사가 걸음을 멈추게 한 하루

나는 휴식이 필요했다. 마을이 나오고 버스정류장 근처에 비를 피할 수 있는 곳이 있었다. 정말 하느님의 은총이다. 아마도 그 곳도 없었으면 더 오랜 시간이 걸렸을 것이다. 아침에 가방에 넣은 귤과 바나나로 에너지를 보충하며 10분 정도 쉬고 나니, 다시 갈 수 있는 힘이 생겼다. 또 일어나 걸었다.

이렇게 앞뒤로 아무도 없는 길을 걷는 것은 겨울 카미노가 아니면 상상도 할 수 없을 것이다. 길이 굽어 있어 눈으로 보이는 것이 얼마나 먼 곳인지는 모르나 길 위에는 아무도 없었다. 세상에 혼자 뚝 떨어진 느낌이었다. 확실한 것은 이 길은 이미 수많은 순례자들이 지나간 길이라는 것과 언식이가 내 앞 어딘가에 있을 거라는 것이다. 다시 말하면 내가 이정표만 놓치지 않으면, 나를 산티아고까지 데려다 줄 길이라는 것이다. 그 사실을 믿는 수밖에 없었다. 살다 보면 앞선 사람의 길을 따라가는 것만으로도 앞 사람이 이룬 유사한 목표에 도달하는 경우도 있지만, 요즘은 좀 다른 것 같다. 세상이 너무나 빠르게 변한다. 어제의 성공이 더 이상 내일의 성공을 보장하지 않는다. 어쩌면 나는 다른 사람이 지나간 길을 더 잘해서 성공할 수 있었던 마지막 세대인 것 같다. 공부도 그렇고, 회사도 그렇고. 그러면서 동시에 새로운 것을 요구받는 세대이다. 구글이나 아마존 같은 신생 기업과 다르게, 이미 짜여진 틀 안에서 세상의 변화를 이겨내 보려

고 몸부림 치는 이미 성공한 기업에 몸담고 있기 때문이다. 리더들은 과거의 성공방식을 이야기하면서 동시에 다가올 새로운 미래를 이야기하는데, 이 자체가 모순인지도 모르겠다. 기차가 편하고 빨라도, 철길이 없으면, 역에서 내려서 다른 교통 수단으로 갈아타야 할 때가 있는데, 단순히 빨리 철길을 만들라고만 하는 것은 아닌지 생각이 많아진다. 이 부분은 더 고민해야겠다.

이제 마을이 보이는 곳까지 왔다. 언식이가 그곳에 머물고 있다는 연락도 왔다. 나와 30여 분 차이가 났다. 어제 앞서 갔던 친구들을 만나서 식사를 하고 있다고 했다. 식사 후에 그들은 또 다음 마을을 향해 떠났지만, 잠시 길에서 다시 만나는 것은 또 다른 기쁨이었다. 우리는 이곳에서 재의 수요일 미사를 하기로 했기 때문에 더 이상의 걸음은 내일로 미루었다. 사순절의 시작인 재의 수요일 미사에는 사람이 흙에서 왔기에 흙으로 돌아갈 것을 기억하며 재를 머리에 얹는 재의 의식이 있는데 순례 길에서 재의 의식을 하는 것은 평소와 다른 느낌이었다. 지금 소중하다고 해서 영원히 소중한 것도 아니고, 정말 소중한 것을 지키기 위해서는 내려놓는 것이 꼭 필요하다는 생각이 든다. 마치 모든 것이 영원할 것처럼 바둥대며 살고 있는 나에게, 결국 흙으로 돌아갈 것을 절대 잊지 말라고 하는 것 같았다. 로스 아르코스는 작은 마을 같았는데, 미사에는 마치 이 마을 어르신은 다

여덟째 날
미사가 걸음을 멈추게 한 하루

오신 것처럼 한 100명은 모였다. 성당 삼면에는 금으로 장식된 웅장한 조형물이 있었고, 미사는 장엄하게 파이프 오르간 반주에 맞춰 진행되었다. 재를 얹는 의식은 정말로 재를 집어서 머리 위에 얹어 주었다. 한국에서 재를 찍어 이마에 십자를 그어주는 것과는 사뭇 달랐다. 성당 안에서 사진을 찍을 수 없는 것을 모르고 찍어서 혼나기도 했지만, 잠시라도 나를 다시 돌아보는 시간이 되었다. 미사를 위해 걸음을 멈추기를 참 잘했다. 순례길을 걷는 것이 목적이 아니라, 그 길에서 나를 돌아보고 내게 소중한 것을 되새기는 것이 목적이기에, 걸음을 멈추고 빨리 가려는 마음을 다스리는 것도 무엇이 더 소중한가를 생각하게 했다.

숙소에 우리 둘만 있다. 아마 내일도 혼자 갈 시간 더 많을 것이다. 이제 130㎞. 아직 5분의 1을 못 왔다. 계속 갈 것이다. 언제나 나를 포함한 내 가족들이 자기 십자가를 지고 갈 수 있고, 하느님께서 함께하시는 것을 느끼며 살아가기를 기도하면서 이 길을 걷는다. 그리고 십자가의 무게는 계속 묵상할 주제이다.

거울에 떠나는
산티아고 순례길

**이라체(Irache) 와인의 샘** 왼쪽에는 와인이 오른쪽에서는 물이 나온다.

겨울에 만난 앙상한 포도나무

**여덟째 날**
미사가 걸음을 멈추게 한 하루

로스 아르코스 가는 길에서

재의 수요일 미사를 드린 로스 아르코스 성당의 화려한 제대 뒤 장식

겨울에 떠나는
산티아고 순례길

재의 수요일 미사를 드린 로스 아르코스 성당

**여덟째 날**
미사가 걸음을 멈추게 한 하루

**아홉째 날**

## 내가 지고 가는 것

from Los Arcos to Logrono / 27.8㎞

길이 나를 끌고 가는 하루였다.

알베르게에서 제공하는 간단한 식사를 하고 하루를 시작했다. 오늘은 어제 남겨둔 거리를 포함해서 30㎞를 걸어야 하기에 쉽지 않은 하루가 될 거라 생각했다. 그래도 이제까지 중에 가장 좋은 날씨였다. 아침부터 햇살이 너무도 좋았다.

출발은 언식이와 같이 했지만 한 시간 반쯤 지나서 내가 휴식이 필요한 시점에 언제나처럼 언식이는 쉬지 않고 그냥 지나 갔다. 다시 어제와 마찬가지로 나 혼자만의 순례길이 시작되었다. 걷고 걷고 또 걷는다. 중간에 도시가 있기는 했지만, 별다른 느낌을 가질 수가 없었다. 30㎞가 주는 부담과 이미 앞서 나간 언식이와 너무 차이가 나면 안 된다는 생각이 여유를 앗아갔다. 오늘은 다른 것보다 멀리 눈 덮인 산봉우리가 계속 눈에 들어왔다. 정말 멋지다는 생각과 혹시 저 산을 넘어야 하는 것은 아닌가 하는 두려움이 함께했다. 적어도 오늘은 그 산을 넘을 일은 없었다.

　오늘은 걸으면서 내가 지고 가는 십자가에 대한 생각을 했다. 지금 내 등에 있는 배낭 속의 짐들은 정말 이 길을 가는 데 꼭 필요할까? 이 길에 필요한 것이 아니라면 계속 가져가야 할까? 제일 먼저 고민한 물건이 허리 배낭이었다. 루르드까지는 허리에 매고 있었으나 그 이후에는 배낭에 들어 있었던 허리 배낭을 버릴지 계속 가져갈지 어제부터 고민하기 시작했다. 그래서 오늘 써 보고 필요 없으면 버리기로 하고, 허리에 둘렀다. 그런데 이렇게 편할 수가 없었다. 일단 1kg 이상이 등에서 내려왔고, 핸드폰과 에너지바가 꺼내기 쉬운 곳으로 옮겨졌다. 걸으면서 사진을 찍기 위해 걸음을 멈추고, 허리 벨트를 풀고, 주머니에서 폰을 꺼내 사진을 찍고, 다시 넣고를 반복했었는데 이제는 그저 허리 배낭의 지퍼를 열고, 꺼냈다 넣으면 되었다. 진작에 왜 사용할 생각을 못했을까 좀 한심하기도 했다. 다시 내가 지고 가야만 하는 십자가로 돌아오면 정말 내가 삶 안에서 지고 가는 십자가가 내 것일까 하는 생각이 든다. 예수님이 십자가를 지고 가신 것처럼 내가 살아가면서 짊어지고 가야 하는 고난과 부담을 내 십자가라고 할 수 있을 것이다. 예수님이 자기 십자가를 지고 따라오라고 하신 것처럼 십자가는 누구나 지고 살아간다. 그런데, 혹시나 다른 사람의 십자가를 지고 가면서 '나는 왜 이렇게 힘들지'라고 하는 것은 아닐지. 회사에서도 내게 주어진 일도 아닌데 내가 해결하려고 달려들고 있고, 집에서도 아내나 아이들이 알아서 할 것을 챙기느라 마음 쓰고 상처받고 있는 것은 아닌지 생각했다. 자기 십자가를 지기에도 힘든데, 다른 사람의 십자가를 지고 가는 것은 나만의 문제는 아닐 것이다. 사람들은 고민의 무게가 마치 삶의 의미인 듯 짊어지는 경우가 있는 것 같다. 내가 지고 있는 것이 내 십자가인지 내려놓아야 할 다른 이의 것인지는 지금부터 묵상하며 선별해야겠다.

오늘은 초콜릿 바 3개로 점심을 버텼다. 언식이와 더 차이가 나지 않도록 가능한 휴식을 줄이고자 했으나, 쉽지만은 않았고, 적어도 2시간, 보통은 1시간 반마다 10분 정도 쉬면서 길을 재촉했다. 그래도 오늘은 오르막이 적어서인지 이제까지 중에 가장 빠른 걸음으로 걸었던 것 같다. 앞으로도 이럴 수 있을지는 모르겠다. 아픈 다리는 점점 익숙해져 갔다. 그런데 새끼발가락이 이상했다. 나중에 보니 양쪽 모두 새끼발가락 발톱 앞으로 물집

이 잡혔다. 정말 이해할 수 없는 부위였다. 저녁을 먹다 잘못 건드려서 물집은 터지고 생살이 드러났다. 그래도 바닥에 닿는 부분이 아니어서 괜찮을 것이라 생각했다. 그러기를 바라는 것일지도 모르지만.

언식이는 이 길을 걷기 위해 3년을 준비했단다. 3일도 제대로 준비하지 않은 내가 미안해졌다. 언식이는 3년을 하루에 10㎞씩 걸으면서 걸음에 익숙해지려 했다는데, 그 덕분인지 정말 빠른 속도로 앞서갔다. 나도 나름 걷는 줄 알았는데 언식이를 쫓아갈 수가 없었다. 그래서 이 길에서는 자기의 속도를 알고 유지하는 것이 제대로 길을 가는 것이라 생각했다. 언식이와 나도 속도가 다른 서로를 존중하고, 각자의 속도로 걷는 것이 서로를 배려하는 것이라 믿었다.

앞서간 사람들 3명을 다시 숙소에서 만났다. 각자의 속도에 맞추어 가면서도 만나고 헤어지고 또 다시 만나는 것 역시 이 길의 매력이다. 그래서 저녁을 같이하기로 했다. 언식이가 닭백숙을 하자고 했다. 스페인 시골 길에서 닭백숙이라니. 닭과 마늘, 대파를 잔뜩 집어넣고 마냥 삶았다. 소금 간만 했는데 먹을 만한 것이 아니라 훌륭했다. 언식이는 걷기만 잘하는 것이 아니었다.

아홉째 날
내가 지고 가는 것

이렇게 또 하루가 갔다. 160㎞쯤 걸었나 보다. 이 길에 오른 지도 일주일이 지났고 시간은 생각보다 빠르게 지나간다. 이 글을 쓰고 있는 지금 한국은 설날 아침을 향해 가고 있다. 설을 함께 하지 못해서 가족들에게 미안하다. 새해 복 많이 받기를. 모두 사랑한다.

길 위에서 만난 돌탑들

순례길에서 처음 만난 돌 화살표

로그로뇨(Logrono) 가는 길의 풍경

**아홉째 날**
내가 지고 가는 것

**열째 날**

———

# 힘들다

from Logrono to Najera / 29.6㎞

힘들다. 이 말이 오늘을 표현한다. 30㎞에 가까운 거리, 따뜻
함을 넘어선 뜨거움, 다리의 온갖 통증. 숙소에 들어오니 그래도
마음이 놓인다.

아침은 설날이니 떡국처럼 먹자는 한 친구의 말에 떡국을 흉
내내기로 했다. 닭고기 수프에 돼지고기를 조금 넣고 모양이 있
는 파스타를 데쳐서 넣었다. 삶은 계란과 함께 그렇게 설날 기분
을 냈다. 이렇게 하루가 또 시작되었다. 오늘도 언식이가 먼저 가
고 그 뒤를 쫓아갔다. 그런데 너무 더웠다. 기온은 16~17도 정도
라는데 배낭의 무게 때문인지 땀은 계속 나고, 햇살은 점점 더
세지고, 이제는 더위까지 걸음을 더 무겁게 하고 있었다. 여름이

겨울에 떠나는
산티아고 순례길

아닌 것에 감사할 수밖에 없었다.

보통은 길을 걸으며 이런저런 생각과 가족들에 대한 기도를 하곤 하였는데, 오늘은 그저 걷는 것 이외에는 별생각이 없었다. 그러다 문득 충전기와 멀티탭을 숙소에 놓고 왔구나 하는 것을 깨닫게 되었다. 언식이가 벽에서 빼서 내 침대에 올려 두었는데, 다 흰색이고 내가 뺀 것도 아니다 보니 순간 잊은 것이다. 물건을 잃어버렸다는 것을 알고 나니 한동안 기분이 나빴다. 이미 손수건은 아마도 비옷을 입은 날 주머니에서 빠져서 잃어버린 것 같고, 장갑은 배낭에 매달아 두었는데 빠진 모양이고, 엊그제는 수건을 놓고 나와서 스페인 아저씨가 챙겨주었는데, 결국 오늘은 충전기를 놓고 왔다. 물건을 잃어버리면 기분이 많이 나쁜 편인데 나와서는 더 그런 것 같다. 어쩌겠나 새로 사야지. 그나마 순례길이 나를 평소보다 빠르게 단념하게 했다.

오늘 길은 비교적 단순하고 평이한 편이었는데 다리 상태가 안 좋으니 힘들게 느껴진 것 같다. 물론 거리가 길기는 했지만. 새끼발가락은 양쪽 다 물집이 생겼고 발 뒤꿈치는 여전히 아픈 데다 발바닥은 감각이 없는 것 같기도 했다. 발바닥 증상을 정리해 보니 족저근막염 증상과 동일했다. 뒤꿈치 쪽이 저리고 아침에 더 안 좋다가 걸으면 좀 나은 것처럼 느껴졌다. 너무 심해

열째 날
힘들다

지면 더 걸을 수 없을지 모르겠지만 다행히 아직은 걸을 만했다. 그나마 내일은 20㎞ 남짓이니 좀 낫기를 바라며, 잘 때 다리를 좀 높여서 붓기라도 빼야겠다고 생각했다. 그래도 중간에 진원이가 보내 준 한국 소식을 들으니 미안하기도 했지만, 떨어져 있는 느낌이 조금이라도 줄어들었다.

  이렇게 또 하루가 갔다. 내일은 또 새로운 하루가 나를 기다리겠지.

로그로뇨를 떠나는 길에 만난 이정표

철망에 걸린 나무 십자가 얼마나 많은 사람들의 바람이 담겨 있을까.

**열째 날**
힘들다

정말 황소인 줄 알았던 거대한 입간판

하늘과 맞닿은 순례길

겨울에 떠나는
산티아고 순례길

from Najera to Santo Domingo de la Calzada / 21km

오늘은 비가 조금씩 흩뿌리는 가운데 같은 숙소에 묵었던 5명이 함께 길을 나섰다. 어제는 아침을 내가 준비했었는데 오늘은 조용히 얻어먹고 있다. 이러기도 하고 저러기도 하고. 꼭 누가 해야만 하는 것이라고 정해진 것도 없고 꼭 잘해야만 할 필요도 없는 곳이 카미노 길이 아닐까?

출발은 같이 했지만 함께한 시간은 역시 그리 오래되지 않았다. 언식이가 앞서 나가고 내가 따라가고 나머지 친구들은 여유를 가지고 길을 간다. 어쩌면 나는 삶에서 비교가 되면, 앞서가야 하는 강박이 있었던 것은 아닐까 생각해 봤다. 언식이가 앞서 나가는 것을 며칠간은 어떻게든 따라가 보려다 포기하고, 따라가 보려다 포기하곤 하였다. 이제야 내가 따라갈 수 없는 거구나 하고 깨달았다. 걷는 것에서조차 지고 싶지 않아 하고 걷는 것마저도 내게는 치열함이었구나 하는 생각이 들었다. 이제는 속도에서 좀더 자유로워질 것 같다. 그래서인지 오늘에서야 혼자 바르에 들어갈 수 있었다. 골프장에 딸려 있었고, 순례길과는 어울리지 않는 골프장은 이 길에서 처음 만났다. 이제까지는 내가 너무 늦을까 봐 혼자서는 바르에 들어가지 못했고 심지어 어제는 바르에 같이 들어 갔다가 먼저 나왔다. 속도가 느리니 도착은 비슷하게 하자는 생각이었다. 참 세상을 힘들게 살았구나. 오늘 마신 에스프레소 한잔은 1유로로 만끽하는 진정한 여유로움이었다. 커피가 너무 맛있다. 에스프레소조차 쓴맛이 거의 없다. 잠시 앉아서 휴식을 하고 또 길을 나섰다.

오늘은 화살표 이정표에 대한 생각을 많이 하면서 길을 걸었다. 야고보 성인의 정신을 따라 많은 순례자들이 걸어 가며 만들어진 길, 그 길을 알려주기 위해 그려진 다양한 화살표들이 눈에 들어왔다. 누가 만들었는지 형태나 모양은 조금씩 다르지만 갈림길에는 어김없이 화살표가 있었다. 1980년대에 삼페드로 신부님께서 노란 화살표를 그리셨다고 한다. 오 세브레이로(O Cebreiro)에 신부님의 동상이 있다. 누구나 그 화살표를 의심 없이 믿는다. 가끔 화살표를 못 찾아서 지도를 보기도 하지만 몇

걸음 더 가거나 주위를 잘 찾아보면 화살표가 있었다. 삶도 마찬가지가 아닐까? 세상에는 화살표를 만드는 사람과 우리들처럼 화살표를 따라가는 사람이 있다. 그리고 새로운 길을 만들기 위해 과감히 화살표를 무시하거나 화살표가 없는 곳으로 발길을 내딛는 사람도 있다. 그러한 사람들이 어쩌면 역사를 바꾸고 인간의 삶의 방식을 변화시킨 사람들이 아닐까? 스티브 잡스(Steve Jobs)나 앨론 머스크(Elon Musk) 같은 사람들은 세상의 길을 거부하고 자신만의 고집을 피운다. 때로는 실패하고, 희대의 사기극이 될지는 모르겠으나, 그들은 자신만의 화살표를 그려 간다. 역사의 위인들도 그랬을 것이다. 반면에 화살표를 잘 따라가는 사람이 있다. 미리 길만 닦여 있다면, 하는 방법만 알려 준다면 뭐든지 잘한다. 새로운 길을 가지 않으려 하는 것이 단점일지는 모르나, 옳다는 것만 확인되면 바로 달려든다. 소위 패스트 팔로어(Fast Follower)이다. 어쩌면 평범한 수준에서는 성공하는 길이라고 알려진 길을 빠르게 따라가는 것이 실패할 확률을 줄이는 것은 틀림이 없다.

나는 어떤 길을 가고 있을까? 나는 길을 만드는 사람은 아니었지만, 맹목적으로 길을 따라가는 사람은 더욱 아니었던 것 같다. 우연히 내가 하려고 하다 보면 어느 관점에서는 처음 하고 있을 때도 많았다. 대학원에 전지를 하고 싶어서 갔는데 실험실에서는 전지를 하지 않아서, 선배들과 함께 우리 대학원 실험실에서는 처음 전지를 연구하는 사람 중 한 명이 되었다. 처음 회사에 가서도 일과 관련해서 지시를 받은 기억이 거의 없다. 샘플을 만들기 위해 설비를 구매하거나 직접 만들기도 하고, 방법을 찾아 선후배들과 함께 고민하기도 하였다. 그 과정 중에 문제를 만들기도 하고 사고를 치기도 했지만, 그 과정에서 얻은 경험이 지금의 나를 만들었다. 유학을 가서도 내가 하고 싶은 실험을 하면서 논문을 썼고, 영어가 어눌한 나를 교수님은 잘 챙겨 주었다. 처음 논문을 써 갔을 때 교수님이 일단 투고해서 심사평을 보자고 했던 일은 잊을 수가 없다. 그때 논문 심사자 3명이 모두 무수정 통과를 알려 왔을 때는 정말 기분이 좋았다. 그러고 나니, 나는 그냥 하고 싶은 실험을 하면 되었고, 교수님은 큰 방향성과 그 결과를 어떻게 논문으로 만들지를 알려주었다. 지금 회사에 와서도 많은 부분을 나는 내가 하고 싶은 대로 했다. 장비가 필요하면 사 달라고 했고, 심지어 건물을 지어 달라고도 했고, 출장을 가서 내 분야인 제품개발이 아니라 가격협상과 보증협상에도 주도적으로 참여하였다. 그러나 환경이 바뀌면서 과거의 내가 점점 잊혀 갔고, 갑작스럽게 내가 갈 길이 내 의지와 상관없이 결정되었다. 그런 일들이 반복되었고 그것이 지금 나를 카미노 길 위에 있게 만들었다.

길을 만드는 것은 쉽지 않다. 더욱이 남이 따라오는 길을 만들기는 더 그렇다. 돌이켜보면 나는 길을 만들려고는 했지만 남이 따라오도록 하지는 못한 것 같다. 그리고 특히 부족했던 것은 남들이 만들어 놓은 길을 믿고 따르는 것이었다. 아마 다시 예전으로 돌아가도 그대로 따르지는 못할 것 같다. 그 길이 옳다는 마음으로부터의 동의가 필요한데 그것이 참 어렵다. 어쩌면 우리 아이들도 나랑 비슷하게 양육된 것은 아닌가 싶다. 무언가를 따르려면 그것이 옳은 길이라는 것부터 확인시켜 주어야 했는데 모든 길들에서 방향과 함께 이유를 보여 주는 것은 쉽지 않았다. 이제는 아마도 아이들이 직접 옳고 그름을 판단할 때가 되어 가는 것 같다. 앞으로도 나는 옳다고 믿어야 그 길을 갈 것이다. 그래도 그 믿음을 확인하기 위하여 더 많은 사람들과 생각을 나눌 것이다. 내가 옳다고 생각한 것, 그르다고 생각한 것에 대한 기준을 검증할 때, 더 많은 의견을 듣고 보편적이고 대중적인 것들도 함께 고민해야겠다. 하느님의 길에서도 요즘에는 의심이 생긴다. 그냥 무조건 따르게 되지는 않는다. 그럼에도 불구하고 다른 어떤 길보다 쉽게 동의가 되는 길임에는 틀림이 없다. 그래서 그 길에서 벗어나지도 못하고 벗어날 생각도 없다.

하나 더 오늘 길에 생각한 것은 일희일비하는 내 모습이었다. 나는 그렇지 않다고 생각하지만 아마도 그런 부분이 있을 것이다. 잠깐 좋은 것에 좋아하는 것은 그렇다 해도, 잠시 힘든 일에 너무 쉽게 힘들어하는 것은 아닌지. 오늘은 오가는 비가 내렸다. 나름 맞을 만한 정도라고 생각하고 맞고 왔는데 갑자기 빗방울이 굵어졌다. 그래서 비옷을 꺼내려고 하는데 또 갑자기 해가 나기 시작한다. 여기 날씨는 종잡을 수가 없다. 짧은 시간 동안 비옷을 어떻게 할 것인가 고민했는데 결국 꺼낼 필요는 없었다. 우리 삶에서도 어쩌면 잠시 지나갈 고통인데 너무 피하려고만 하는 것은 아닌가 하는 생각이 들었다. 물론 언제 그 고통이 끝날지 내가 버틸 만한 크기인지 알기는 어렵지만, 너무 일희일비할 필요는 없을 것이다. 특히나 나이를 먹어 가면서는 더 그렇지 않을까?

오늘은 미사에 가톨릭 신자가 아닌 혜경 씨와 후남 씨가 함께했다. 언식이와 내가 자주 미사에 가는 것을 보고 자신들도 한번 가보고 싶었다고 했다. 종교와 관계없이, 미사를 접하고 싶다고 해 준 것이 너무나 고마웠다.

돌 위에 그려진 화살표

끝없는 초원 위에 펼쳐진 순례길

**열하나째 날**

화살표

산토 도밍고(Santo Domingo)에서 만난 큼직한 화살표

길에서 만난 사람들과 처음으로 함께 미사를 드렸던 산토 도밍고 성당 내부

겨울에 떠나는
산티아고 순례길

# 내가 선택한 길

from Santo Domingo de la Calzada to Belorado / 22.7㎞

　어느덧 이 길을 걷기 시작한 지 열흘째다. 시간이 흐른 만큼 산티아고까지의 거리도 780㎞에서 550㎞로 줄어들었다. 모든 힘을 짜내서 걸어 갔던 첫 구간이 있었고, 눈과 비를 지나 쾌청한 하늘 아래를 걷기도 했으며, 도로를 따라가거나 산길을 걷기도 했다. 7~8시간을 아무도 없이 혼자 걷기도 하고, 이런저런 이야기를 하며 함께 걷기도 했다. 식당이 없어서 초콜릿 바로 허기를 달래기도 하고, 이런저런 식재료로 나름 먹을 만한 음식을 만들어 먹기도 하고, 지나가다 들른 식당에서 맛있는 식사를 하기도 했다. 여기저기 아프던 몸의 통증은 이제 새끼발가락 물집으로 모여 있었다. 내일까지 걸으면 1/3을 지난다.

그냥 떠나고 싶고, 머리를 비우고 싶다는 생각으로 출발했지만 지금은 광활하게 펼쳐진 초원과 멀리 만년설이 보이는 산, 오래된 성당 등에서 평화를 얻고 있다. 7~8월에는 앞 사람의 뒷모습만 보면서 걷는다는데 지금은 온 세상에 혼자 있는 것처럼 느끼면서 길을 만끽하고 있다. 모든 것이 은총이다.

길을 걷는 동안 가장 많이 떠오르는 것은 아내 진원이와 아들 동섭, 인섭이었다. 부모님 생각도 나고 동생들과 조카들 얼굴도 가끔 떠오르지만 아마도 뭔가 생각하는 시간의 절반 이상은 가족들 생각이었다. 아프지 말자, 지금 처한 상황을 잘 지나서 원하는 것을 얻기를, 원하는 것을 아직 모르면 이것저것 해볼 기회를 얻기를, 서로 더 많이 사랑하자 이런 생각들이었다. 어머니의 건강과 행복도 기원하고 백혈병으로 고생하고 있는 하윤이가 건강하게 치유되기를, 다른 조카들은 건강하게 잘 자라길, 또 막냇동생 가게가 잘되길 생각날 때마다 기도했다. 나를 위해서는 그냥 너무 많은 십자가를 지지 말고, 내가 꼭 지고 가야 하는 것만 남겨 두자고 기도했다.

내 과거를 돌아보면 갈림길에서 나는 어떤 선택을 했었을까? 내가 선택할 수 없었던 중고등학교 배정을 제외하면 이과를 선택했고, 대입 과목에서 독일어가 아닌 공업을 선택했었고, 기계

겨울에 떠나는
산티아고 순례길

공학과를 1지망으로 공업화학과를 2지망으로 선택했고, 전지를 하기로 선택했고, 첫 직장이었던 한국타이어는 선택이라기보다는 유일한 병역 해결 방법이기도 했지만, 진원이를 선택했고, 동시에 선택받았고, 늦은 나이에 유학을 선택하고, 다시 한국으로 바로 오기로 했고, 지금 다니는 회사를 택했던 것 정도가 아닐까. 모든 선택이 완벽할 수는 없지만 지금 돌아봐도 그 선택에 큰 후회는 없다. 지금은 산티아고라는 명확한 목표를 향하고 있기에 정해진 길을 따라가고 있지만, 삶에는 다양한 목표가 있을 것이기에 매번 선택을 달리할 때마다 다른 목표를 향해 갈 것이다.

오늘 하루를 돌아보면, 아침은 카페에서 빵과 커피로, 점심은 족발 요리로, 저녁은 숙소에서 순례자 메뉴로 평소보다 더 많은 식사를 맛있게 했다. 걷는 것은 여전히 힘들지만, 화창한 날씨와 주변의 아름다운 풍경은 내 발걸음을 조금이라도 가볍게 해주었다. 양쪽 새끼발가락 물집에 어제 저녁부터 실을 꿰어 놓고 있는데, 오늘 걷는 동안에 많이 편해진 것을 느낄 수 있었다. 뒤꿈치도 많이 좋아져서 발가락 물집만 해결되면 훨씬 좋을 것 같다.

오늘은 6명이 사용하는 방 하나가 사람으로 거의 가득 찼다. 한국사람 3명, 스페인사람 1명, 이탈리아사람 1명. 이 사람들과 일정이 대충 비슷한 것 같다. 길을 걷는 이유야 다르겠지만 모두 건강하게 마무리하면 좋겠다.

**열둘째 날**
내가 선택한 길

그라뇽(Granon) 가는 길에서 만난 십자가

순례자 길의 동반자

거울에 떠나는
산티아고 순례길

열셋째 날

/

# 십자가

from Belorado to Ages / 27.4㎞

오늘은 정말 긴 하루였다. 9시간 넘게 걸었다. 28㎞ 정도의 거리도 문제였지만 절반 이상이 진흙길이라 더 힘들었던 것 같다. 거기에 안 아프던 허벅지가 아프기 시작하니 정말 걷기 힘들었다.

오늘은 내가 지고 가야 할 내 십자가에 대한 묵상을 하려고 했는데 몸이 힘드니까 묵상이 자꾸 끊겼다. 절반 정도는 문제가 없었는데, 허벅지가 아프기 시작하면서 모든 게 달라졌다. 통증이 돌고 도는 것 같다. 처음에는 배낭의 무게에 의해서 어깨가 아프고, 그러다 발바닥에 작은 물집이 생기고, 새끼발가락에도 물집이 생기더니, 뒤꿈치가 아프고, 이제는 허벅지가 아프다고 한다. 아마도 모든 곳이 아픈데, 그중 가장 아픈 곳만 아프다고 하는 건 아닌지. 살다 보면 힘든 일이 많지만 가장 힘든 일에 마음이 모이는 것과 같을 것이다. 이것저것 힘들어한다고 해결이 되는 것도 아니고 말이다. 통증이 오면서 걸음은 더욱 느려졌다. 모두가 앞서 가고 혼자서 맨 뒤에서 길을 갔다. 쉽게 경험하지 못했던 상황이었다. 무슨 일을 하든 앞쪽에 서는 게 익숙했는데, 이 길은 나를 겸손하게 만든다. 3년간 나름 준비했다는 언식이는 뛰는지 걷는지 모를 정도로 앞서 가고, 함께 길을 걷는 두 여자분들도 안정적으로 걸어갔다. 어디서 잘못되었을까? 일기를 쓰는 지금은 그래도 자고 나면 괜찮겠지라고 생각해 본다.

오늘 길은 정말 지루하고 힘든 길이었다. 몸이 말을 안 듣는 것도 문제였지만 진흙길을 걷는 것은 너무 힘들었다. 길이 나를 붙잡는 것 같은 느낌이었다. 거의 10㎞에 가까운 거리를 진흙과 사투를 벌인 것 같다. 어쩌면 그러면서 허벅지에 무리가 갔을 수도.

그러다 보니 내 십자가에 대한 묵상은 다음에 또 해야겠다는 생각이 들었다. 어머니께 경제적으로는 나름 도움을 드리고 있지만, 내가 더 마음을 쓰고 더 자주 찾아 뵈어야 할 텐데 잘 되지 않는다. 그러면서도 어머니께서 혼자 계시지만 나름 잘 지내고 계시다고 마음의 위안을 삼는다. 어쩌면 내 십자가 안에 어머니는 경제적인 부분 정도가 아닐까 감히 생각을 해 본다. 아

이들에 대한 부분은 이제 하나씩 내려놓고 있다는 생각이 든다. 아직 경제적으로 그들이 독립할 수준은 아니지만, 무엇을 하든 이제는 판단을 하는 것이 아니라, 조언을 하는 수준에서 멈출 때가 된 것은 같다. 하나씩 자연스럽게 내려놓을 수 있기를 기도한다. 진원이에 대한 부분은 내 십자가의 많은 부분을 차지하고 있다. 꼭 십자가가 나쁜 의미나 부담만을 말하는 것은 아닐 것이다. 내 삶을 나누기로 한 만큼 일부는 부담이겠지만 그 부담도 기쁨을 더 얻기 위한 과정이라 생각하고 기꺼이 지고 갈 것이다. 사회와 회사에서의 십자가를 생각하면 이제까지 너무 많은 것을 스스로 지고 온 것 같은 생각이 든다. 주변 사람들도 말로만 고맙다고 할 뿐, 어쩌면 마음으로는 고마워하지 않았을지도 모른다는 생각이 든다. 회사 일에서 손을 놓은 지 2개월이 넘었지만 나를 찾는 사람은 없다. 한편으로는 고맙기도 하고, 한편으로는 서글프기도 하지만 그것이 현실일 것이다. 내가 보이면 그리워하지만 보이지 않으면 그냥 없는 사람이 되는 것이다. 이제까지 내가 쌓았다고 생각한 탑들도 그저 내 눈에만 보일 뿐이다. 아마도 올 여름이 지나면 늦어도 연말에는 다시 일상으로 돌아가겠지만, 이제는 그냥 그 위치에서 요구되는 것 이상을 나서서 하는 일은 없기를 나 스스로에게 바란다. 원하지도 않는 것에 참견하고, 누군가가 기억해 주기를 바라고 있었던 모습이 다소 한심하기까지 하다.

정말 지루하고 긴 하루가 지났다. 내일은 거리는 짧은데 몸에
이상이 없기를 희망한다.

아직 봄이 오지 않은 순례길

길에서 만난 하트 모양 돌무덤 얼마나 오래되었는지 풀이 나 있었다.

산 후안 데 오르테가(San Juan de Ortega) 건물 벽에 있던 포스터 "믿음의 길 - 만남의 길"

**열셋째 날**
십자가

—

# 엄마 사랑해

from Ages to Burgos / 23km

집을 나선 지 14일째. 이 길을 걷기 시작한지 12일이 지났다. 280㎞를 넘게 걸었다. 40일의 여행일정, 31일의 순례일정, 780㎞의 순례길의 1/3이 모두 지났다. 정말 길게 느껴지기도 하고, 어떻게 지나왔나 싶기도 하고, 이 모든 것이 주님의 은총인가 싶다. 눈, 비, 강한 햇살, 바람이 우리와 함께했다. 어느 한 순간도 허튼 시간이 아니고, 산티아고에 가는 길에 꼭 필요한 순간이리라. 남은 2/3도 주님의 은혜와 은총 속에서 잘 마무리되기를 기도한다.

오늘은 지나온 길들을 생각하며 길을 걸었다. 특히 오늘은 돌길, 자갈길이 많았다. 진흙길도 여전히 남아 있었다. 마지막 5~6

㎞는 아스팔트 길을 걸었다. 오늘도 그렇지만 지난 12일을 돌아봐도 순탄한 길이 없었다. 눈 속에서 30㎞의 오르막을 걸으며 정말 죽을힘을 다했던 시작부터 허벅지가 터질 것 같던 어제까지. 오늘도 허벅지는 여전히 말썽이었다. 처음 2시간 남짓은 너무 컨디션이 좋았는데 어느 순간부터 허벅지에 통증이 오기 시작하더니 마지막에는 어제보다 더 심한 통증에 걸음을 멈출 수밖에 없었다. 어깨를 짓누르는 배낭의 무게와 발을 붙잡고 있는 땅의 끈끈함에 잠시라도 항복하는 수밖에 없었다. 그러면서 준비가 무엇인가 하는 생각을 했다. 나의 나약함 앞에 더욱 겸손해질 수밖에 없다. 내가 잘한다고 생각하고 있는 것이 사실은 잘하지 못하는 것일지도 모른다는 생각을 했다. 내가 스스로 잘 걷는다고 생각해 온 것처럼.

계속되는 자갈길과 돌길을 지나 올라간 오늘 여정의 가장 높은 곳에는 큰 순례자 십자가와 동심원을 그리는 돌밭이 있었다. 거기서 발견한 '엄마 사랑해'. 누군가 작은 돌들을 모아서 마음을 적어 두었다. 누가 만들었는지는 몰라도 이 길을 지나는 모든 사람들의 마음이 아닐까? 나도 뭔가 남기고 싶어서 작은 돌을 집는데 잘 집히지 않는다. 다들 조금씩은 땅속에 묻혀서 잘 집히지도 않고, 비바람에 손이 곱아서 더욱 힘들다. 아이들 이름까지 새기고 싶었는데, 너무나 힘들게 '진원'이라는 2글자만 남기

열넷째 날
엄마 사랑해

고 떠나왔다. 진원, 동섭, 인섭 정말 사랑한다.

부르고스(Burgos)는 이제까지 지나온 도시 중에 가장 큰 도시였다. 부르고스에 들어와서도 1시간 이상 도시를 걸어서야 숙소에 도착했다. 이곳 숙소 옆에는 부르고스 대성당이 있다. 정말 대성당이다. 오늘이 무슨 날인지는 모르겠으나, 평소 입장료를 받는데 오늘은 무료란다. 그냥 어마어마하다는 말밖에는 할 말이 없다. 우뚝 솟은 첨탑과 외벽 작은 구석까지 가득 찬 조각들은 아마도 하나하나 그 의미가 있을 것이다. 성당 내부는 글로 남길 수가 없는 화려함으로 가득 차 있다. 금과 옥으로 만들어진 많은 조각들, 예수님의 생애를 보여주는 다양한 조각들, 여러 성인의 무덤. 한편으로는 종교가 중세에 정말 나쁜 짓을 했구나 하는 생각도 들고, 이 모든 것을 어떻게 만들 수 있었을까 하는 경외심도 들었다. 지금도 계속 보수를 하고 있고, 여러 이유로 손상된 작품들을 고치거나 바꾸거나 하는 것으로 보였다.

허벅지 통증에 허벅지를 압박할 수 있는 보호대를 사고 바르는 파스도 좀 샀다. 내일 30㎞는 어떻게 갈지 걱정이다. 오늘은 처음으로 버스를 탈 수도 있겠구나 하는 생각을 했다. 내일 아침에 걸어보고 걸을 수가 없다면 아쉽지만 버스의 도움을 받아야 할 것 같다. 그냥 오기로 해 낼 수 있는 것은 아니다. 주님의 함께하심과 은총의 힘을 청한다.

오늘의 정상에서 만난 '엄마 사랑해'

부르고스 대성당

**열넷째 날**
엄마 사랑해

# 길에서 만난 사람들

from Burgos to Hontanas / 31km

31㎞를 잘 왔다. 걱정을 안고 출발한 오늘 여정인데 잘 마쳤다. 평소보다 1시간 이상 출발을 서두르고 쉬는 시간도 좀 줄이고 해서 8시간 반 만에 31㎞를 걸었다. 그저 감사할 따름이다.

어제 저녁에는 친구와 일정에 대한 이야기를 했다. 오늘 일정에 마을이 별로 없어서 중간에 멈추려면 20㎞ 정도에서 멈춰야 했기에, 일단 출발을 서둘러서 아침은 첫 마을에 가서 먹기로 하고, 아침 이후에는 각자의 속도대로 걷기로 했다. 그런데 첫 마을이 10㎞가 되어서야 나왔다. 그곳에서 참치샌드위치를 먹었는데, 이제까지의 샌드위치 중에는 제일 나았다. 커피는 언제 어디나 평균 이상. 그때까지는 비교적 나도 속도를 내고 따라왔고 다리가 버텨 주었다. 그 후에 언식이는 먼저 가고 추가로 10㎞ 후에 마을 벤치에서 쉬고 난 후에는 동행하는 친구도 앞서 갔다. 그리고 나는 여느 날처럼 속도를 늦춰서 뒤따라 갔다. 사진을 찍느라 멈춰서기는 했지만 점점 거리가 멀어졌다. 그래도 어제처럼 허벅지가 말썽을 부리지는 않았다. 약간의 통증은 있었지만 압박붕대와 같은 보호대가 잘 잡아 준 것 같다. 어제 약국에 압박붕대를 사러 들어 갔을 때 말이 안 통해서 결국 못 사나 했는데, 약사 한 분이 어디선가 찾아 주었다. 오늘 여정 속에서 제 역할을 해 준 것에 감사할 뿐이다. 매일 오늘 여정을 주님께 맡긴다고 기도하며 출발하는데 그 기도를 들어 주셨다. 통증은 여기저기 계속 돌아가며 나를 힘들게 하지만 통증도 딱 내가 버틸 만큼만 주시나 보다.

오늘은 처음부터 같이 움직이던 혜경 씨, 후남 씨와 헤어졌다. 그들은 일정을 짧게 잡고 시작해서 29일 정도에 전 구간을 마쳐야 하는데, 도저히 모든 길을 걸어서 산티아고까지 갈 시간은 안 되어서, 레온(Leon)까지 버스로 간다고 했다. 아쉬운 헤어짐이었지만, 서로의 카미노가 잘 마무리되기를 기원하고 길을 나섰다. 그래서 처음 생장에서 함께 출발한 10명의 일행은 언식이와 나 그리고 훈이라는 스웨덴에서 워킹 홀리데이를 하다가 유럽 여행 중인 친구만 남았다. 훈 씨도 우리보다는 일정이 짧아서 어

**열다섯째 날**
길에서 만난 사람들

느 시점에는 앞서갈 것이다. 만나고 헤어지고 또 다른 사람을 만나는 것도 카미노가 가지는 매력일 것이다. 이제까지 만난 사람들을 한 번 생각해 본다. 첫날 프랑스 생장에서부터 함께 넘어온 10명 — 나, 언식이, 아가씨 둘, 한국 청년 둘, 일본 청년 하나, 심리학과 교수라고 하신 교수님과 두 아들(후남, 혜경, 훈, 성헌, 유키, 교수님, 요섭, 진섭) —, 첫날 산을 넘고서 론세스바예스에서 만난 스페인 아저씨 두 분(이름도 못 여쭙고, 한 분을 수염 아저씨라고 우리끼리 불렀다), 어디서 처음 만났는지 기억이 안 나지만 이번이 5번째라던 한국 아저씨(역시 이름을 모른다), 팜플로나 근처에서 시작하면서 우리에게 아몬드나무를 알려주셨던 은퇴한 스페인 아저씨, 키가 183㎝인 이탈리아 아가씨 안나, 스페인 청년 마리오, 그 외 말 한 번 해보지 못한 사람들이 있었다. 교수님과 작은 아들은 에스테야에서 한국으로 돌아가고 큰 아들은 뒤에 남겨졌다. 스페인 아저씨 두 분은 부르고스에서 헤어졌다. 시작도 다르고, 끝도 다르고. 다들 자신의 일정에 맞춰서 걷는 모양이다. 길에서 만나는 것도 인연인데 사람들, 특히 외국 사람들과 친분을 맺는 건 어렵다.

오늘 부르고스에서 새벽에 출발하다 길을 잃었다. 첫 번째는 지나가던 사람이 우리가 묻지도 않았는데 길을 벗어났다고 알려 줘서 금방 길로 돌아왔는데, 중간에 또 길을 놓쳐서 이번에

는 좀 돌아왔다. 다른 곳보다 길을 안내하는 화살표도 적었고, 아마도 해 뜨기 전이라 눈에도 잘 안 보였던 모양이다. 화살표 덕분에 이제까지 잘 왔는데 화살표가 눈에 잘 안 보이니까 금방 길을 잃는다. 그나마 인터넷 지도 덕분에 길로 돌아온 것은 다행이다. 화살표를 만드는 사람들은 따라올 사람들이 잘 볼 수 있게 해야 하고, 따라오는 사람은 갈림길에서는 화살표를 잘 찾아야 한다. 화살표를 만드는 리더는 갈 길을 명확히 보여 줘야 하고, 리더를 따르는 사람들은 길이 명확하지 않으면 물어봐야 한다. 간단하지만, 이 두 가지가 가정과 회사를 포함한 모든 사람이 모인 집단에서 잘 안 되는 것이 아쉽다.

오늘 길에서 만난 날씨는 더 변화가 심했고 체감상으로는 오늘이 가장 추운 날이었던 것 같다. 초원을 걸어 왔는데, 메세타라고 불리는 초원은 해발 800m 높이에 있고 주변에는 산도 없이 그냥 지평선이 보이는 곳이었다. 기온도 영상 1~2도 정도로 낮았지만, 걷기가 힘들 정도로 거센 바람이 불었다. 발을 약간 잘못 디디면 바람에 날아갈 것만 같았다. 몸이 계속 한쪽으로 쏠리는 느낌이었다. 그러다 해가 나기도 했지만, 갑자기 우박이 쏟아지기도 시작했다. 해가 있는데도 우박이 날아왔다. 바람과 우박을 맞는 오른쪽은 점점 추워졌다. 그러다 우박이 멎고 또 해가 났다. 허허벌판이어서인지 날씨가 자꾸 변했다. 나를 추월해 가던 마리오도 원래 더 가려고 했는데, 추워서 그만 갈 거라 했다. 날씨 때문인지 못 보던 사람들이 숙소에 계속 들어와 11명이 되었다. 날씨의 힘이 무섭다. 이 사람들도 내일 헤어지고 또 새로운 사람을 만나겠지. 공립 알베르게는 난방이 안 돼서 난방이 되는 숙소를 임시로 사용하고 있다고 했는데도 이곳조차도 난방이 잘 안 되고, 샤워실도 가장 불편했다. 추운 날씨라 미리 난로를 켜 두었으면 좋았을 텐데 사람이 여럿 들어오고 나서야 난로에 장작을 넣었다. 그나마 사람들의 온기가 방을 데우고 있었다. 샤워실은 남녀 구분 없이 하나만 있어서, 나도 샤워할 시점을 잡지 못해 자다가 새벽에 일어나서 샤워를 했다. 이제까지 숙소 중에 최악이었다.

오늘 저녁은 숙소에 묵는 모든 사람들이 모여서 함께 식사를 했다. 이 마을에는 문을 연 마트도, 식당도 없어서 다 같이 먹을 수밖에 없었다. 빵, 수프, 샐러드, 스페인 순대(정말 한국 순대랑 똑같다), 햄, 과일로 구성된 메뉴였고 허기가 반찬일 수도 있었지만 맛있게 잘 먹었다. 일본 친구 유키를 빼고 나면 외국 사람들과 함께 식사를 한 것은 이번이 처음이었다. 이번 여정 중에 이런 기회가 또 있을지는 모르겠다. 비록 서로 말을 많이 하지는 않았지만.

푸른 하늘과 초원 그리고 마른풀이 함께한 순례길

스페인의 뜨거운 태양

**열다섯째 날**
길에서 만난 사람들

메세타 평원 위의 풍력 발전기

메세타 평원 끝에 숨어 있던 마을, 온타나스(Hontanas)

겨울에 떠나는
산티아고 순례길

## 열여섯째 날

메세타 평원

from Hontanas to Boadilla del Camino / 28.5㎞

오늘은 어디까지 갈까? 어제 저녁의 고민이었다. 레온(Leon)에 들어가는 날 37㎞를 걸어야 하니, 앞에서 좀 나누면 어떨까 하고 논의를 했다. 원래 계획이던 보아디야 델 카미노(Boadilla del Camino)에서 5㎞ 정도를 가면 프로미스타(Fromista)라는 마을이 있는데 거기까지 오늘 35㎞ 정도를 가면 레온에 들어갈 때 거리를 줄일 수 있다는 생각이었다. 그렇지만 2가지 이유로 간단히 결론이 났다. 프로미스타 숙소에 전화를 했는데 남은 침대가 3개뿐이라고 했다. 이미 스페인사람 1명, 이탈리아사람 2명이 갈 생각이라고 해서 우리는 자연스럽게 물러났다. 또 다른 이유는 내가 30㎞를 넘기기에 힘겨운데 이틀 연속으로 35㎞씩 가는 것은 못 하겠다고 했기 때문이다. 좀 미안하기는 했지만 내가 혹시

나 가다가 문제가 생기면 중간에 숙소가 있어야 하는데, 내일 프로미스타에서 출발하면 17㎞ 이후에는 숙소가 없어서 자칫하면 문제가 될 수 있어서 어쩔 수 없었다. 하여간 침대가 부족한 덕분에 오늘은 28㎞만 가는 걸로 결정했다.

전날 31㎞를 8시간 반에 마치고 나니 오늘은 좀 여유가 생겨서 천천히 걷기로 했다. 카미노 14일 만에 언식이랑 하루를 온전히 같이 걸었다. 중간에 2번 쉬는 시간도 1시간씩 쉬면서 결국 시간은 9시간 반이나 걸렸다. 속도가 주는 피로와 시간이 주는 피로는 좀 다르지만 그나마 좀 수월했던 것 같다.

여기 길에 올라서 인스타그램 계정을 만들었다. 처음에 며칠 같이 걸었던 유키와 연락을 위해서였다. 그리고 몇 장의 사진을 올렸다. 하나는 화살표들, 다른 하나는 여러 길들. 지금 순례길을 대표하는 메시지가 내게는 길과 화살표이기 때문이다. 이제까지 걸어 온 다양한 길들이 있고 앞으로 어떤 길이 나를 기다릴 것인가와 나를 이끄는 화살표는 어떤 것인가가 이 길에서 나의 화두이다. 가장 큰 것은 내 십자가가 무엇인가이지만. 그러면서 앞으로 어떤 묵상 테마가 있을까 생각을 했다. 몇 가지 떠오른 것은 세상에서 가장 먼저 창조된 하늘, 끊어진 것을 연결해 주는 다리, 이 길에서 만난 십자가, 하느님의 집 성당, 사람의 집

마을들, 이 길에서 만난 사람들, 동물들…. 그냥 9장의 사진으로 엮으면 좋은 이야기를 만들 수도 있을 것이라 생각했다.

오늘 길은 정말 단순했다. 당분간 계속 길은 단순하다고 한다. 어찌 보면 지루한 길이다. 계속 초원, 평원, 하늘, 먼 산만 보이는 길이다. 그 길에서 언식이와 오늘 나눈 많은 이야기는 회사에서의 고민이었다. 어쩌면 고민의 내용은 다르나 기본은 똑같을 것이다. 나는 너무 많은 일에 관여하면서, 내가 어찌할 수도 없는 것조차 책임 져야 하는 상황에 몰리는 것이 문제였고, 언식이는 후배를 포함한 다른 사람들의 의견을 존중하다 보니 자신의 존재감이 점점 줄어드는 것이 고민이라 했다. 책임과 권한은 같이 가야 하는데 때로는 그렇지 못한 것이다. 앞으로 회사에서는 어떻게 해야 할까? 계속 더 많은 책임을 감수하고 직접적인 내 일이 아니어도 관여할지, 이제는 내 일과 남의 일을 구분하려고 노력할지 모르겠다. 때로는 다른 사람의 일에 관여하면서 스스로 만족을 느낀 것도 있었던 것 같은데, 이제는 적당한 수준에서 그 만족감에서 벗어나야지 않을까 한다. 쉽지 않겠지만, 어쩌면 그것이 내가 살아남을 수 있는 길일지도 모른다는 생각에 마음이 아프다.

이제 저녁을 먹고 잠자리에 든다. 이곳 숙소에서 저녁을 먹었

**열여섯째 날**
메세타 평원

는데, 고기가 없는 첫 번째 저녁이었던 것 같다. 이탈리아 아가 씨 안나는 채식주의자인데 모든 식사를 같이 했으니 말이다. 그럼에도 배는 부르다.

메세타 평원으로 올라가는 길

겨울에 떠나는
산티아고 순례길

메세타 평원에서 바라본 전경

오늘의 순례길에서 가장 많이 본 모습

**열여섯째 날**
메세타 평원

**열일곱째 날**

/

꼴찌

from Boadilla del Camino to Carrion de Los Condes / 24.6km

오늘은 어제보다도 단조로운 길이었다. 오르내림도 거의 없고, 길도 흙길로 비슷하고. 어쩌면 우리 삶의 단순함과 단조로움을 이야기하는 것은 아닐지. 그러나 단조로움이 그냥 가기 쉽다는 것은 분명 아닌 것 같다. 단조로운 길을 걸으면 정말 작은 변화에 민감해진다. 차가 한 대 지나가거나, 마을이 멀리 보이거나 하면 갑자기 다른 생각이 들곤 했다. 나름 잘 가다가도 멀리 마을이 보이면 템포가 흔들린다. 가까운 듯하나 실제로는 가깝지 않았다. 내일은 더하다는데. 심지어 하늘에도 구름 한 점이 없다. 정말 하루하루가 새로운 길이다.

오늘 길에서 가장 많은 생각을 한 것은 '준비된'이다. 무언가를 미리 준비하는 것 자체가 쉬운 일은 아닐 수 있지만, 준비한 사람과 준비되지 않은 사람은 엄청난 차이를 보일 수밖에 없다. 올림픽과 같은 운동 경기에서는 연습한 것이 그대로 드러나겠지만, 이 길도 마찬가지였다. 처음에 언식이가 3년을 준비한 순례길이라고 했을 때 나는 뭘 그렇게 준비했을까 하는 생각이 더 들었다. 그런데 하루하루가 지나갈수록 그 준비가 뭔지 알 것 같았다. 나는 하루를 시작하면 2시간 정도까지는 나름 잘 갔다. 그리고 처지기 시작했다. 그러나 언식이는 점점 더 빨리 갔다. 매일 10㎞ 이상을 시속 8㎞ 속도로 9도의 경사에서 걸었다고 하는데 정말 엄청난 운동량이다. 언식이는 그렇게 걸으면 1㎏ 이상이 바로 빠졌다고 했다. 나는 6㎞의 속도로 평지에서 30분 정도 걸으면 더 이상 걷지도 않았고, 그나마 최근엔 하지도 않았었다. 그러니 차이가 날 수밖에 없다. 오늘 26㎞ 정도를 걷는데 처음 10㎞ 정도는 같이 갔으니, 남은 거리로만 계산해보면, 16㎞를 걷는 데 거의 2㎞ 이상 차이가 났다. 처음 며칠은 그 차이가 나는 것을 인정하지 못했는데 지금 보면 준비된 사람과 그렇지 못한 사람의 차이인 것 같다. 나는 '뭐 하루에 30㎞ 못 걷겠어'라는 마음으로 온 거라, 실제 30㎞를 만나면서 '이게 아니구나'라는 것을 느끼고 있다. 사실 어떤 일을 하든지 준비한다는 것은 정말 중요한 것이라는 생각이 든다. 내가 지금 하고 있는 모든 일들에서도 그에 맞는 준비가 필요할 것이다.

그리고 생각한 것은 꼴찌다. 며칠 동안 계속 꼴찌를 하고 있었다. 출발은 씩씩하게 해도 2~3시간이 지나고 나면 가장 뒤에 있고, 하루 일정을 마칠 때쯤 되면 30~40분 이상 차이가 나는 꼴찌를 하고 있다. 정말 새로운 경험이었다. 어쩌면 이제까지는 앞서가거나, 적어도 평균 이상은 하면서 살아 왔는데 여기서는 내가 꼴찌다. 아무리 발버둥을 쳐도 벗어날 수가 없다. 그대로 받아들일 수밖에 없었다. 그러면서 느끼는 것은 노력하지 않아서 꼴찌를 하는 것과 최선을 다해도 꼴찌를 하는 것은 다르구나 하는 것이다. 나는 나름 최선을 다하고 있지만 꼴찌다. 그래도 늦기는 해도 목적지에 도착한다. 오래 달리기를 하면서 그래도 중간에 포기하지 않고, 마지막까지 결승선을 통과하는 것처럼 말이다. 어쩌면 삶에서도 포기하지만 않으면 누구나 목표에 도달하는 것은 아닐까? 도달하는 순서가 중요한 경우도 있겠지만 목적지에 도달한다는 그 자체도 정말 중요하다. 일을 안 하는 것과 못 하는 것은 한 번 더 생각해 봐야겠다.

오늘은 식사를 나름 넘치게 했다. 아침은 오믈렛과 빵으로 지나갔지만, 점심은 스테이크를 먹었고, 저녁은 삼겹살을 구워 먹었다. 특히 점심은 이 동네 사람들의 추천을 받은 식당이라 사람들로 가득 찬 곳에서 식사를 했다. 며칠 좀 부실했던 것을 한 번에 보충한 느낌이다.

미사도 드렸는데, 생각보다 신자들도 많았고 은총 가득한 시간이었다. 이곳에서는 항상 로사리오 기도로 미사를 준비하는 것 같고 오늘은 금요일이라 그런지 미사 후에 십자가의 길도 한다. 우리는 미사만 드리고 조용히 빠져 나왔다. 앞으로 가능하면 매일 미사를 드려야겠다.

카날 드 카스티야(Canal de Castilla)에서 만난 이정표와 일출

**열일곱째 날**
꼴찌

내 앞을 가고 있는 순례자들

카리온 데 로스 콘데스(Carrion de los Condes)에서 만난 순례자 상

겨울에 떠나는
산티아고 순례길

열여덟째 날

# 계획하지 않은
## 40㎞

407㎞, 드디어 전체 780㎞의 반을 드디어 넘었다. 이 길에 들어선 지 16일 만이다. 집을 떠난 지도 18일이 되었다. 생각보다 시간이 빨리 간다. 780㎞를 언제 가나 했는데 반을 지났다니. 꾸준함이 만들어 내는 결과가 아닐까 한다. 비가 오나, 눈이 오나, 해가 강렬하나, 바람이 세거나 하루에 20~30㎞를 걸은 결과다. 천 리 길도 한 걸음부터라는 말이 생각이 난다. 돌아보면 몸은 힘들어도 마음이 평안한 순간들이었다.

오늘은 아침에 별이 가득한 하늘을 보며 기분 좋게 출발하였다. 27㎞ 정도를 목표로 조금 가고 있는데 언식이가 자기는 오늘 41㎞를 걸을 거라고 했다. 사아군(Sahagun)이라는 도시를 제대로 보고 싶다는 것이 이유였다. 어제 이야기할 때는 지나가면서 잠시 시간을 투자해서 둘러보기로 했는데 마음이 바뀌었나 보다. "그럼 나도 최선을 다할게. 안 되면 멈추더라도 쫓아가도록 할게"라고 말은 했지만 40㎞는 엄두가 나지 않았다. 30㎞도 힘들게 힘들게 왔는데 말이다. 그러면서도 이번 여행은 스스로 내 의견을 최소로 하면서 가자고 한 것이라, 40㎞를 어떻게든 가 보자는 생각도 들었다. 사실 살다 보면 계획하지 않은 일이 계속 생기기 마련이고 그 계획하지 않은 일에서 뜻밖의 수확을 얻기도 하니, 꼭 모든 일이 계획되어 있어야 하는 것은 아닐 것이다. 결론적으로 41㎞를 나도 걸어 왔고, 주일미사도 드려야 하는 상황이었기에 좋은 선택이었다.

그래도 41㎞는 너무 멀었다. 그러다 보니 쉬는 시간에도 맘이 편치 않고, 계속 갈 길만을 생각했다. 목표는 10시간으로 잡았다. 지금 생각해 보면 아마도 이제까지 중에 가장 빠른 속도로 걸은 것이 아닌가 싶다. 처음에는 운동화를 신고 걸었다. 혹시나 등산화여서 더 힘든 건 아닌가 생각했기 때문이다. 처음 15㎞는 운동화가 편한 것처럼 느껴졌다. 그런데 15㎞를 지나고 나니 뒤꿈치가 더 아팠다. 그래서 17㎞를 지났을 때 다시 등산화로 갈아 신었는데 정말 하느님의 도우심이었다. 그다음부터는

자갈길이어서 만일 운동화였으면 발목이 정말 힘들었을 것이다. 17㎞, 13㎞, 10㎞로 나누어 걸었는데 언제나처럼 마지막이 가장 힘들었다. 그래도 어제는 30㎞도 안 되는 길에 지쳐서 간신히 들어왔는데 오늘은 40㎞를 가야 해서 그런지 그래도 나름 속도가 났다. 40㎞를 마치고 난 지금 마음은 뿌듯하지만 몸은 다 아프다. 자고 나면 좀 풀리기를 바랄 뿐이다.

 오늘 길의 처음 17㎞는 정말 아무것도 없는 광야와 같은 길이었다. 걸어도 걸어도 똑같은 풍경이 펼쳐지고, 물 한 모금 얻을 곳도 없었다. 물을 가져오지 않았다면 더 큰 시련이 있었을 것이다. 이 길을 걷는 동안은 꼭 너무 길어서 끝이 없는 터널을 지나는 것 같았다. 비록 좌우는 농사를 준비하는 밭이었지만 터널의 어두움과 다를 것이 없었다. 그래서 그런지, 출발할 때 숙소에 17㎞는 마차를 타고 가라는 광고가 있었다. 그제야 그 광고가 이해가 갔다. 지금은 운행을 하지 않지만, 여름에는 많은 사람들이 이용할 것 같다. 지금은 이 길도 언젠가 끝이 날 것이라고 그저 믿고 가는 수밖에 없었다. 이 길은 어쩌면 회사 일을 떠올리게도 한다. 정말 어찌할 수 없이 앞으로만 나갈 수밖에 없을 때가 생각났다. 아마도 이 길을 다 걷고 나면, 어쩔 수 없음에 조금 더 유연해지지 않을지 기대해 본다.

**열여덟째 날**
계획하지 않은 40㎞

어제 준비라는 것에 대한 묵상을 했었는데 오늘도 그 생각이 난다. 과연 나는 삶을 위해서 무엇을 준비하고 있는가? 연금보험이 아니라 내가 원하는 무언가를 하기 위해서 말이다. 이번 학기에 하기로 한 강의 준비를 2/3는 했기 때문에 그나마 이번 순례에 맘 편히 올 수 있었던 것처럼, 내가 하려는 일에 대한 준비를 잘해야 하는데, 요즘은 준비를 하는 것이 너무 힘들기도 하고, 낯설기도 하다. 너무 오래 전 것을 오랫동안 우려먹어서 그런 건 아닌지. 삶에서 내가 뭘 준비해야 할지는 계속 고민하기로 했다.

나보다 거의 2시간 가까이 일찍 도착한 언식이는 마을 구경을 했지만, 나는 숙소에 도착해서 정신없이 성당을 찾아왔다. 내일이 일요일이지만, 내일 어떤 일이 있을지 모르니, 오늘 토요 특전 미사를 드렸다. 요양원 안에 있는 성당이라고 한다. 그래서 더욱이 모두 어르신들뿐이다. 그런데 이 성당에서 너무나 멋진 십자가의 길을 만났다. 아무런 설명도 없이 그냥 십자가만 14개가 벽에 걸려 있었다. 십자가의 길은 십자가로 밖에는 설명할 수가 없는데 이렇게 잘 표현해 두었다니. 덕분에 미사의 은총을 더 받은 것 같기도 했다.

내일도 30㎞는 가야 한다. 오늘처럼 하느님께서 나와 함께하실 것을 믿는다.

거울에 떠나는
산티아고 순례길

떠오르는 태양과 길가의 갈대

사아군 성당의 십자가의 길

**열여덟째 날**
계획하지 않은 40㎞

열아홉째 날

―

지루함

from Sahagun to Reliegos / 31㎞

오늘도 걷는다. 어제 40㎞는 처음에 가야 한다는 사실을 알았을 때는 엄청난 부담이었지만 그래도 잘 마쳤기에, 오늘 30㎞는 할 만할 거라는 생각으로 시작했다. 그런데 오늘은 언식이가 생각할 것이 많은지 뒤로 쭉 처졌다. 천천히 온다고도 했지만, 나중에 알고 보니 수도원에서 아침 미사를 드리고 왔다고 했다. 의도한 것은 아니었지만. 그것도 모르고 혹시 길을 잘못 들었나 걱정을 한 내가 좀 뻘쭘했다.

언식이에게 걷는 속도는 어떤 의미가 있나 보다. 며칠은 정말 빠르게 걸었는데 오늘은 아주 천천히 오겠다고 했으니 말이다. 그 의미는 나중에 기회가 되면 물어보기로 했다. 언식이는 이 카미노가 엄청 중요한 의미가 있다고 계속 이야기하고 있으니, 그 속도도 다 의미가 있을 것이다. 나는 그저 내가 갈 수 있는 최선의 속도를 내 속도라고 생각하고 길을 걷는다. 시간은 누구에게나 똑같이 가지만 모든 사람이 다른 속도를 느끼는 것처럼, 이 길을 걷는 동안 나는 비교적 유사한 속도로 가지만 길에 따라 내 몸 상태에 따라 그날그날 느끼는 속도는 달랐다. 어제처럼 지루한 길을 가는 날은 왜 이리 시간이 안 가는지, 가도가도 30분밖에 지나지 않았을 때가 많았다. 거리 감각이 없다 보니, 시간으로 거리를 짐작하게 되는데 지루하기에 시간을 자주 보게 되고, 시간을 자주 보니 아까랑 별 차이 없고 하는 악순환의 반복이다. 오늘 길도 사실 어제와 별반 다르지 않았다. 한참을 지나가도 풍경이 변하지 않는다. 그래도 시간은 분명히 똑같이 흐르기에 그 안에서 시간을 다루는 방법을 배워야 할 것이다. 어쩌면 아직 나는 빠르게 가는 것밖에는 모르고 있는 듯하다. 이번 기회에 꼭 느리게 가는 법, 뒤처져 따라가는 법을 배웠으면 한다.

아침에 숙소에서 7~8명이 같이 출발했는데 이름을 아는 외국인은 1명밖에 없었다. 특히 이탈리아 부부는 우리들과 잘 어울리지 않는 느낌이었는데, 오늘은 그 분위기가 사뭇 달랐다. 길을 걸으면서 잠시지만 같이 이야기도 했고, 함께 사진도 찍었다. 숙소에 들어와서 통성명도 했는데 이름은 잘 기억이 나지 않는다. 이제까지는 무의식 중에 외국 사람들을 피하려고 했었는데 이제는 좀 더 다가가야겠다. 이야기를 하다 보니 유럽 사람들은 이 길을 나누어서 걷는 경우가 매우 많다는 것을 알았다. 지금 같이 있는 4명 중 3명도 이전 순례에 이어서 하고 있었고, 나머지 한 명은 두 번째 순례라고 했다. 800㎞를 한 번에 완주하는 것은 휴가를 30일 이상 내어야 해서 유럽에서도 쉽지 않다고 한다. 지금은 뒤에서 따라오고 있는 유키 외에 이제는 이 길에서 만나서 말을 섞은 외국 사람이 늘고 있다. 여름에 사람이 많을 때는 사람들로부터 느끼고 배우는 것이 많다는데 겨울 카미노도 적은 수의 사람을 만나지만 그 안에서 친교를 나눌 시간은 충분한 것 같다.

어느덧 30㎞를 다 걸었다. 내일도 또 우리의 순례는 계속될 것이다.

사아군을 떠나며

봄을 준비하고 있는 농부의 일상

**열아홉째 날**
지루함

스무째 날

# 다리: 끊어진 곳을 잇는다

from Reliegos to Leon / 24㎞

생장에서 2월 9일에 시작한 780㎞의 산티아고 가는 길은 오늘 레온에 들어오면서 벌써 460㎞를 지나 이제 320㎞가 남았다. 하루하루 줄어드는 거리를 보면 정말 많이 왔구나 하는 생각을 한다. 아프던 곳들도 나름 통증이 잦아드는 수순에 접어들었다.

7시 15분쯤 숙소를 나서면서 오늘 일정이 시작되었다. 전날 묵었던 사아군보다 작은 도시라 7시 전만 해도 엄청 많은 별들로 하늘이 가득 차 있었는데, 15분 사이에 여명이 밝아오기 시작했고 하늘의 별들은 빠른 속도로 사라졌다. 하늘의 별들은 여러 번 시도했지만 핸드폰 사진으로 담을 수는 없었다. 도시를 빠져

나왔는데도 아직 해가 뜨지 않았다. 아마 오늘은 일출을 볼 수 있을 거라는 기대 속에 계속 뒤를 돌아보며 해가 뜨기를 기다렸다. 마침내 8시쯤부터 지평선에서 떠오르는 태양을 만나는 놀라운 10분을 가질 수 있었다. 점점 눈이 부셔오고, 사진으로는 눈으로 본 감흥을 그대로 느끼기는 어렵지만 정말 신비로운 경험이었다. 지평선은 고사하고 어디서든 해가 뜨는 것을 직접 본 것은 이번이 처음인 듯하다. 10분이라는 시간이 정말 짧게 느껴졌다. 내일은 레온에 있을 거고, 수요일부터는 비가 온다고 하니 언제 또 스페인의 뜨거운 태양을 만날 수 있을까 모르겠다.

오늘도 여전히 지루하고 단조로운 길이었지만 오늘은 같이 걸으며 이런저런 이야기도 하면서 지루함을 좀 줄일 수 있었다. 그럼에도 시간은 더 오래 걸려서 오늘 숙소에 왔다. 어디나 일이 진행되는 방식은 동일한 것 같다. 조직의 성장에 따라 실무를 알지 못하는 리더가 조직을 책임지는 경우가 생기고, 그 사람이 아는 것과 이해하는 것만으로 업무가 진행되는 경우가 생긴다. 리더가 자세를 낮추고 귀를 열면 좋겠지만, 새로운 리더에게 주어진 시간도 충분하지 않기에 무리한 의사결정을 내리게 되고, 그 의사결정 과정이 실무자들로 하여금 시키는 일만 조용히 하게 만든다. 그 과정 중에서 뭔가 주도적으로 하는 사람에게 과도한 일이 몰리고, 그러다 잘못된 결과로 인해 징계나 불이익을 받기도 하면서, 더욱더 사람들을 수동적으로 만든다. 우리만 그러는 것이 아니라는 걸 알았다.

　그러면서 회사 안에서 역할을 어떻게 정의하는 것이 좋을까 하는 생각을 하게 되었다. 내가 가진 능력은 무엇일까? 어떤 역할이 맞을지 고민을 했다. 딱 이거다라는 결론을 낼 수는 없었지만 실무자들이 일할 수 있도록 해주는 것, 그들의 이야기를 들어주는 것, 그러면서도 목표를 향해 계속 나아가는 것이 내가 해야 할 일이라는 생각이 들었다. 그러면서 동시에 드는 생각은 내 생각과 다른 지시를 내리는 상사와는 어떻게 일하는 것이 옳은가이다. 어떻게 하는 것이 현명한 것인가가 아니라 옳은가 말이다. 쉽게 일하는 방법이 아니라 바르게 일하는 방법을 찾아야 하는데 아직도 모르겠다. 내가 바르다고 생각하는 방법이 다른 사람들의 그것과 일치하지 않는 때가 고민이다. 말로는 같은 생각이라고 이야기되는 경우에도 구체적인 실행 방법은 달라도 너무 다를 때가 많기 때문이다. 내 십자가를 지고 갈 뿐 다른 사람의 십자가를 대신 지는 일은 내가 할 일은 아닐 것인데, 어디까지가 내 것인지는 항상 고민이다.

　길을 걸으면서 다리를 많이 봤고, 다리에 대한 생각을 했다. 다리는 길이 장애물을 만나서 더 이상 갈 수 없을 때, 장애물을

돌아가는 것이 아니라 넘어갈 수 있도록 만들어진다. 강 위나 계곡 위 같은 곳에 말이다. 삶 안에서 만나는 많은 관계에서도 장애물을 만나는 경우가 있다. 그 경우에도 다리가 필요할 것이다. 장애물 좌우에는 사람과 사람이 있는 경우가 있다. 이때는 다리도 사람이어야 할 경우가 있다. 그러한 인간관계 속의 연결을 잘하는 사람이 많을수록 일이 자연스럽게 완성되어 간다고 생각이 된다. 어쩌면 내게 요구되는 역할이 다리인지도 모르겠다. 가끔은 나를 장애물을 넘어 다른 사람들과 연결해 줄 다리도 필요하지만 말이다.

오늘은 대도시에 왔고, 내일 하루 쉬기로 했기 때문에 레온에 있는 Wok이라는 중국 뷔페 식당을 찾아갔다. 아주 다양한 음식이 있는 건 아니지만 편안한 분위기에서 다양한 음식을 충분히 먹을 수 있었다.

저녁에는 미사를 드리러 갔다. 수도원 미사라 저녁기도가 포함된 미사였다. 열여덟 명의 수녀님과 한 분의 수사님이 계셨고, 수녀님들의 성가로 미사는 더욱 풍성하게 진행되었다. 월요일이라 그런지 모르겠지만 일반 신자는 우리를 포함해도 열 명이 안 됐다. 그런데 양형 영성체를 한다. 수녀님들만이 아니라 모든 신자들에게 예수님의 살과 피를 나누어 주셨다. 정말 오랜만이었다. 왜 그런지 모르겠지만 나도 모르게 양형 영성체를 하고 돌아와 자리에 무릎을 꿇었더니 눈물이 났다. 이유는 모르겠으나, 그냥 눈물이 흘렀다. 그리고 미사 후에는 특별히 순례자들에게 이마에 성호를 그으며 한 명씩 축복해 주시는 은총도 받았다.

내일은 바로 옆 호텔에 묵기로 했다. 휴식과 도시 관광으로 하루를 지내고자 한다.

레리에고스(Reliegos)를 나와 순례길에서 만난 일출

레온의 가우디 건물

**스무째 날**
다리: 끊어진 곳을 잇는다

# 순례길 안에서의 휴식

## in Leon

일에만 휴식이 필요한 것이 아니었다. 순례길에서의 쉼도 또 다른 의미를 만들어 줬다. 오늘은 레온에서 하루를 보냈다. 대도시이기도 하고 앞으로 또 산길을 가야 해서 우리 스스로에게 휴식을 주기로 했다. 그래도 하루 동안 도시 안에서 걸은 거리는 13㎞나 되었다. 단지 등에서 배낭을 내려 놓았을 뿐, 돌아보니 발은 잘 쉬지 못한 것 같다.

계속 길을 가야 하는 훈씨와 인사를 하고, 아침에 알베르게에서 나와서 호텔에 짐을 맡기러 왔는데 8시인데도 조기 체크인(Early Check-in)이 가능하여 방에 짐을 내려 놓고, 길을 나섰다.

아침으로 커피와 토르티야(Tortillas, 스페인 오믈렛)을 먹고, 가우디가 설계한 건물로 갔다. 문을 열지 않아서 일단 오전은 대성당을, 오후는 가우디 건물을 보기로 하고 대성당으로 갔다. 레온 대성당은 스테인드글라스로 유명하다고 했는데, 들어가 보니 그야말로 대단한 규모였다. 오디오 가이드를 다 이해하지는 못하고 띄엄띄엄 들었지만, 여러 번 개보수가 되면서 현재 모습을 갖추고 있고, 지금도 여전히 개보수가 진행 중이라 했다. 이번 순례 전에는 이런 건물은 보수만 하는 줄 알았는데 시대에 따라 개조도 하는 모양이다. 예전 조각이나 그림을 박물관으로 옮기고, 새로운 조각으로 대체한다고 했다. 오디오 가이드의 설명에 따르면, 성당의 성가대석도 원래는 제대 쪽에 있었는데, 보수하면서 신자들 뒤쪽으로 옮겼다고 했다. 로스 아르코스 성당은 금장의 화려함이, 부르고스 대성당은 규모와 조각 등의 웅장함이, 이곳 레온 대성당은 스테인드글라스의 아름다움이 기억에 남는다. 레온 대성당과 성 이시도르(Isidore) 성당의 박물관에는 과거 성당에서 나온 물건들을 전시하고 있었다. 전시물은 화려함보다는 과거 성당의 모습을 이야기하는 것이었다. 부르고스 대성당 박물관의 화려한 소장품과는 또 달랐다.

오늘 보려고 했던 곳이 레온 대성당, 성 이시도르 성당, 그리고 가우디 건물이었는데, 시간 배정에 어려움이 생겼다. 스페인

**스물하나째 날**
순례길 안에서의 휴식

특유의 시에스타(Siesta)가 또 문제였다. 레온 대성당 관람에 2시간이 더 걸렸고, 성 이시도르 성당 박물관은 개별 관람이 안 되고 가이드 투어만 된다는데, 영어 안내는 오후 4시라고 했다. 그래서 일단 점심을 먹기로 했는데, 우연히 들어간 곳이 타파스(Tapas) 집이었다. 특이한 것은 타파스를 파는 것이 아니라, 음료를 시키면 타파스를 주는 것이다. 타파스는 따로 살 수가 없었다. 심지어 커피 한잔을 시켜도, 물 한 병을 시켜도 간단한 샌드위치나 토스트 등이 나온다. 그렇다고 음료값이 비싼 것도 아니고. 이곳 레온만 그런 것인지도 모르겠지만, 특이한 음식 문화라고 생각되었다. 바르와 레스토랑이 함께 있어도 레스토랑은 정해진 시간만 음식 주문이 가능하고, 레스토랑이 안 하는 시간에는 바르도 미리 만들어진 음식만으로 운영되는 것도 특이했다. 간단히 식사를 해결한 후에 진통제와 보조 배터리를 사려고 했는데, 약국이나 전자제품 가게도 문을 닫았다. 슈퍼마켓도 보통 2시에서 5시 사이는 문을 닫는다. 이 문화에 익숙해지지 않으면 제대로 밥 먹고 사는 것도 쉽지 않겠다.

성 이시도르 성당 박물관 관람을 마치고, 가우디 건물로 갔더니 하필이면 매주 화요일 휴관이다. 아침에 문이 닫혔던 이유가 오늘이 휴관이기 때문이었는데, 스페인어를 모르니 자세히 보지 않은 것이 잘못이었다. 달리(Salvador Dali) 전시회가 열리고 있어

서 보고 싶었는데 아쉽게 되었다.

　저녁은 스테이크로 배를 채우고, 일찍 숙소로 돌아왔다. 내일
또 다시 걸어야 하니 이제는 휴식이 필요한 시점이다. 다만 내일
은 눈이 꽤 온다고 해서 좀 더 단단히 준비를 해야겠다.

가우디 건물 앞의 가우디 동상과 함께

**스물하나째 날**
순례길 안에서의 휴식

레온 대성당

레온 대성당의 스테인드글라스

레온의 성벽

겨울에 떠나는
산티아고 순례길

/

# 기대하지 않은
# 축복

from Leon to San Martin del Camino / 25㎞

어제 하루 레온에서의 달콤한 휴식을 뒤로하고 다시 카미노 길에 몸을 실었다. 휴식이 지친 몸을 조금이라도 달래 주었기를 바라며 숙소를 나섰다. 길은 어제 예보대로 밤새 내린 눈으로 하얗게 덮여 있었다. 20㎝ 가까이 내린 듯했다. 눈이 내리는 것은 항상 좋지만 그 길을 지나는 것은 언제나 쉽지 않았다. 특히 등에 10㎏의 배낭이 있다면 더욱 그렇다.

눈으로 인해 도로와 카미노 길을 오가며 길을 가는데 10㎞ 정도를 가니 몸이 쉬자고 자꾸 그런다. 그런데 눈으로 인해 쉴 곳이 마땅하지 않았다. 힘든 몸을 이기며 어쩔 수 없이 계속 걸어

라 비르겐 델 카미노(La Virgen del Camino)라는 마을을 지나는데
벽에 있는 문의 디자인이 평범하지 않다. 사진을 찍고 있는데 언
식이가 "아, 여기다" 했다. 아침에 오늘 볼 성당이 하나 있는데 예
전에 지어진 역사를 만나는 것이 아니라 현대에 지어진 성당이
라고 하더니, 바로 그 성당이었다. 마을 이름은 우리 말로 하면
'카미노의 동정녀'쯤 되고, 성당 이름은 바실리카 데 누에스트라
세뇨라 델 카미노(Basilica de Nuestra Senora del Camino)이었다. 그
대로 번역하면 '카미노의 우리 숙녀 성당'이다. 이제까지 만난 성
당 중에 가장 멋지게 느껴졌다. 특히 성당 입구의 12사도 상과
성당 내부의 단순함이 내 눈을 사로잡았다. 이 성당의 제대 뒤
장식은 카미노에서 만난 다른 성당처럼 화려하지만, 이것도 어
딘지 모르게 현대식으로 느껴졌다. 그리고, 한쪽 벽에는 사아
군 성당의 십자가의 길처럼 14개의 십자가가 나란히 걸려 있었
다. 성당은 1961년에 설계가 완성되었다는데 그냥 내 맘에 쏙 들
었다. 성당 입구 외벽에 12사도와 성모상이 함께 있는데, 언식이
말이 이곳이 스페인 성모신심의 중심지 같은 곳이라고 했다. 정
말 쉬어야 하는 순간에 나타난 너무나 아름다운 쉼터였다. 성당
내에서 잠시 쉬며, 기도도 하고 다시 길을 나서려고 하는데, 어
느 신자분이 안쪽 방으로 가면 순례자 여권에 도장을 찍어 준다
고 해서, 신부님이 혼자 계신 방으로 들어갔다. 신부님은 도장만
찍어 주시는 것이 아니라 우리 둘을 위해서 장엄 강복도 주셨다.

겨울에 떠나는
산티아고 순례길

스페인어로 하서서 내용은 전혀 모르는데도 갑자기 눈에 눈물이 맺혔다. 언제나 기대하지 않았던 것이 더 큰 감동을 일으킨다.

신부님의 강복에 힘을 얻어 또 길을 나섰다. 오늘은 눈 때문에 더 힘들었고, 자동차 도로를 많이 걷다 보니 지나가는 차를 신경 써야 했다. 그런데 갑자기 내가 왜 이 길을 걷고 있을까 하는 생각이 들었다. 산티아고 순례길을 걷고 싶다는 생각은 해 보았지만 이 길이 어떤 곳인지 얼마나 걸리는지도 제대로 모르면서 언식이가 간다는 말 한마디에 그냥 길을 따라 나왔으니, 정말 왜 내가 지금 여기 있는지 의문이 들 때가 있다. 길을 걷는 동안 잊을 만하면 떠오르는 생각이었다. 그냥 친구 따라 어딘가 가고 싶었는지, 여행을 가고 싶었는지, 멀리 가고 싶었는지, 산티아고 순례길을 걷고 싶었는지, 누군가를 용서하려는 건지, 무언가를 잊고 싶은 건지, 나를 바꾸고 싶은 건지, 하느님의 계시를 받고 싶은 건지… 생각해 보면 그냥 멀리 오랫동안 떠나고 싶은 마음이 어딘가에 있었는데 마침 순례길이라고 하니 더 나서기가 쉽지 않았나 싶다. 지금 이 길에서 내가 얻고 싶은 것은 내 안에 숨어 있는 욕심을 버리는 것과 겸손해지는 것이다. 내가 지고 가야 할 십자가를 겸손히 지고, 남은 인생을 가족을 포함한 주변 사람들에게 따뜻한 온기를 전하며 살아갈 수 있는 힘을 얻고 싶다.

**스물둘째 날**
기대하지 않은 축복

부르고스에서 레온으로 바로 넘어간, 혜경 씨, 후남 씨에게서 연락이 왔다. 눈이 너무 많이 와서 가려던 길을 다 못 가고 중간에 멈추었다고 했다. 길도 잘못 들었던 것 같았다. 눈은 멎었기 때문에 갈 수 있었을 것 같은데, 해가 지면 너무 위험하니까 동네분들이 붙잡은 듯했다. 그 구간도 거의 30㎞이기에 우리는 가능한 일찍 출발해야겠구나 하는 생각을 하면서 그 친구들 여정에 문제가 없기를 기도했다.

어느덧 끊어진 생각들을 하다 보니 숙소에 왔다. 숙소는 마을 입구에 있었고, 이미 묵고 지나간 혜경 씨, 후남 씨, 훈 씨의 강한 추천에 많은 기대를 안고 들어왔다. 지금은 4명이 있다. 언식이와 나, 또 다른 영준이라는 이름을 가진 한국 청년과 안나. 안나는 순례길 초반에 만났다가 레온 전에 헤어졌는데 우리가 레온에서 하루 더 머무르면서 이곳 산 마르틴 델 카미노(San Martin del Camino)에서 다시 만났다. 이곳 알베르게를 지나간 많은 친구들이 이곳을 추천했다. 특히나 저녁을 식당음식이 아닌 가정식처럼 해 주신다고 했다. 스페인 가정식이 어떤지 기대가 많이 됐다. 저녁은 야채 수프와 샐러드 그리고 소고기찜이었다. 앞선 사람들의 이야기처럼 정말 집에서 먹는 듯한 식사였다. 식당의 화려함보다는 어머니가 만들어 준 음식의 따뜻함이랄까. 아마도 오늘 식사가 정말 스페인 가정에서 먹는 음식이 아니었을까 했다.

어느덧 남은 길이 300㎞가 되지 않는다. 순례길의 남은 날도 12일이다. 정말 뭐든 꾸준히 하면, 결국 목표에 도달한다는 것을 생각하게도 한다. 매일매일을 힘들게 걸었을 뿐인데 그 길이 거의 500㎞가 되었다. 하루 휴식을 빼고 걸은 날로는 19일이 되었다. 780㎞를 31일 동안 어떻게 걷나 했는데 벌써 끝이 보이는 것 같아 아쉽기도 하지만 작은 성취감을 맛보기도 했다.

**스물둘째 날**
기대하지 않은 축복

바실리카 데 누에스트라 세뇨라 델 카미노(Basilica de Nuestra Senora del Camino)

눈 그리고 까마귀와 함께한 카미노

겨울에 떠나는
산티아고 순례길

# 누군가 널 위해
## 기도하네

from San Martin del Camino to Astorga / 25㎞

요 며칠은 날씨가 걱정이다. 레온에서 하루 쉬는 동안까지는 처음 며칠 눈과 비로 힘들었던 것을 빼면 계속 날씨가 좋았는데, 엊그제 밤에 눈이 오고, 어제도 비가 좀 왔기에 오늘도 출발 전에 날씨가 걱정이었다. 다행히 출발할 때 비는 오지 않았다. 12시가 넘어서는 비가 계속 왔지만 걷는 것을 방해할 정도는 아니어서 다행이었다. 하지만 앞서가는 친구들은 날씨 때문에 무척 힘들어하는 것 같았다. 우리도 오늘 아침에 안개가 많이 끼기는 했지만 앞으로 가는 데 지장은 없었는데, 앞선 친구들은 산악지대라 안개와 눈보라가 길을 많이 방해했나 보다. 길의 어려움과 몸의 지침에 날씨의 변덕도 이 길을 가는 데 하나의 변수임에 틀림이 없다. 몸은 시간이 지나면서 익숙해지는 것인지 아니면 만성이 되는 것인지 그래도 점점 나아지는 느낌이라 다행이다. 발뒤꿈치의 저림을 제외하면 별 무리가 없는 것 같다. 며칠 뒤에는 하루 종일 내리막이라니 그날 무릎이 말썽을 안 부리기를 희망한다.

오늘 지나온 곳에는 『돈키호테』의 모델이 된 기사가 결투를 했던 오르비고(Orbigo) 강을 연결하는 푸엔테 델 파소 온로스(Puente del Passo Honroso, 명예의 통로의 다리)가 있다. 그 기사는 300명의 다른 기사를 이겼다고 한다. 그래서 이곳에 성당기사단의 가장 큰 본부가 있었다고 한다. 다리 옆에는 마상 결투장이 있는데, 지금도 그 시절을 기념하는 행사가 있다고 한다. 영화 속에서 보았던, 양쪽에서 난간을 가운데 두고 말을 타고 달려오면서 상대방을 말에서 떨어뜨리는 모습이 머리 속에 그려졌다. 그 외에는 오늘 길에서 특별히 기억에 남는 장소는 없었다.

눈과 비로 인해 길 상태가 안 좋아서, 오늘 절반 이상은 도로를 따라 걸었다. 그래도 바로 차 옆을 지나는 것은 아니고, 거의 차가 안 다니는 구도로를 걸었다. 차도를 걸으면 발이나 무릎에 더 안 좋다고는 하던데 다행히 큰 무리는 없었다.

오늘 한 시간 정도는 성가를 들으며 걸었다. 유튜브로 생활성가를 찾아 들었는데, 원래 좋아하는 노래지만 오늘은 그 가사가 더욱 마음에 와 닿았다. 지금 내가 살아가고 있는 것도 누군가의 기도 덕분이고, 나를 지켜 주고 용서하고 위로해 주시는 주님이 계신데, 내가 먼저 화해의 손을 내밀지 못하고 섬기지 못했기에 마음이 불안하고 미움이 생기는 것 같았다. 내가 먼저 손 내밀지 못하고는 처음 듣는 곡인데, 곡보다는 가사가 마음에 남는다. 오늘 길에서 들었던 성가 중에 마음에 남았던 세 곡의 가사를 적어 본다.

누군가 널 위해 기도하네

당신이 지쳐서 기도할 수 없고
눈물이 빗물처럼 흘러내릴 때
주님은 아시네 당신의 약함을
사랑으로 인도하시네
누군가 널 위하여 누군가 기도하네
내가 홀로 외로워서 마음이 무너질 때
누군가 널 위해 기도하네

당신이 외로이 홀로 남았을 때
당신은 누구에게 위로를 얻나
주님은 아시네 당신의 마음을

그대 홀로 잊지 못함을
누군가 널 위하여 누군가 기도하네
내가 홀로 외로워서 마음이 무너질 때
누군가 널 위해 기도하네

누군가 널 위하여 누군가 기도하네
내가 홀로 외로워서 마음이 무너질 때
누군가 널 위해 기도하네 누군가 널 위해 기도하네


예수 내 작은 기쁨

내가 밤길을 가고 있을 때
누군가 등불 밝혀 주는 이 있음을 생각하니
내 맘에 한 빛이 가득 차 주님의 사랑을 노래하네

예수 내 기쁨, 예수 내 평화
날 위해 등불 밝히는
예수 내 희망, 예수 내 생명
작은 나의 기쁨

내가 미움에 떨고 있을 때
누군가 날 위해 아파하는 이 있음을 생각하니
내 맘에 용서가 가득 차

겨울에 떠나는
산티아고 순례길

주님의 사랑을 노래하네

예수 내 기쁨, 예수 내 평화
날 위해 아파하시는
예수 내 희망, 예수 내 생명
작은 나의 기쁨

내가 고난에 울고 있을 때
누군가 날 위해 기도하는 이 있음을 생각하니
내 맘에 위로가 가득 차 주님의 사랑을 노래하네

예수 내 기쁨, 예수 내 평화
날 위해 기도하시는
예수 내 희망, 예수 내 생명
작은 나의 기쁨

예수 내 기쁨, 예수 내 평화
날 위해 등불 밝히는
예수 내 희망, 예수 내 생명
작은 나의 기쁨

**스물셋째 날**
누군가 널 위해 기도하네

## 내가 먼저 손 내밀지 못하고

내가 먼저 손 내밀지 못하고
내가 먼저 용서하지 못하고
내가 먼저 웃음 주지 못하고
이렇게 머뭇거리고 있네
그가 먼저 손 내밀기 원했고
그가 먼저 용서하길 원했고
그가 먼저 웃음 주길 원했네
나는 어찌된 사람인가
오 간교한 나의 입술이여
오 옹졸한 나의 마음이여
왜 나의 입은 사랑을 말하면서
왜 나의 맘은 화해를 말하면서
왜 내가 먼저 져 줄 수 없는가
왜 내가 먼저 손해 볼 수 없는가
오늘 나는 오늘 나는 주님 앞에서
몸 둘 바 모르고
이렇게 흐느끼며 서 있네
어찌 할 수 없는 이 맘을
주님께 맡긴 채로

내가 먼저 섬겨 주지 못하고
내가 먼저 이해하지 못하고
내가 먼저 높여 주지 못하고

거울에 떠나는
산티아고 순례길

이렇게 고집 부리고 있네

그가 먼저 섬겨 주길 원했고

그가 먼저 이해하길 원했고

그가 먼저 높여 주길 원했네

나는 어찌 된 사람인가

오 추악한 나의 욕심이어

오 서글픈 나의 자존심이어

왜 나의 입은 사랑을 말하면서

왜 나의 맘은 화해를 말하면서

왜 내가 먼저 져 줄 수 없는가

왜 내가 먼저 손해 볼 수 없는가

오늘 나는 오늘 나는 주님 앞에서

몸 둘 바 모르고

이렇게 흐느끼며 서 있네

어찌 할 수 없는 이 맘을

주님께 맡긴 채로

어찌 할 수 없는 이 맘을

주님께 맡긴 채로

　

오늘 목적지인 아스토르가(Astorga)에서는 순례자박물관과 대성당을 관람하러 나갔다. 순례자박물관은 가우디의 작품으로 전시물보다 건물 그 자체가 예술이었다. 내부에는 바르셀로나의 파밀리에 대성당 사진전을 하고 있었는데, 파밀리에 대성당은 사

**스물셋째 날**
누군가 널 위해 기도하네

진을 보는 순간 한 번 꼭 가봐야겠다는 생각이 들 정도로 너무나 웅장하고 아름다운 성당이었다. 이번에는 바르셀로나에 들를 계획이 없지만, 파밀리에 성당을 보기 위해서라도 바르셀로나는 언젠가 꼭 한 번 가 봐야겠다. 건물은 레온의 가우디 건물과 비슷하게 원추형 기둥이 있고, 아치를 잘 활용해서 건물을 만들었는데 너무 아름다웠다. 순례자박물관을 관람하고, 대성당으로 갔는데, 막 관람이 종료되었다고 했다. 대성당은 밖에서 건물만 보고 돌아올 수밖에 없었다. 아쉽지만 이 또한 어쩔 수 없었다. 레온의 가우디 건물이 하필이면 휴관이었던 것처럼.

숙소에는 반가운 사람이 기다리고 있었다. 처음 며칠 같이 걷다가 뒤에 남았던 성헌 씨가 버스를 타고 이곳으로 온 것이다. 걷기와 버스를 반복하며, 일정을 맞추기 위해 바로 이곳으로 왔다고 한다. 만나고 헤어지고 또 만나는 카미노가 인생의 축소판인 건 맞나 보다.

내일은 날씨가 우리뿐 아니라 앞서가는 모든 친구들의 걸음을 잡지 않기를 기도한다. 날씨를 우리 맘대로 어찌할 수는 없지만 기도는 할 수 있으니까. 그리고, 내일이 군 복무 중인 큰 아이의 생일이라 아내에게 문자를 전달해 달라고 부탁했다. 몸이 아무리 멀리 떨어져 있어도 마음만은 아주 가까이 있다.

**푸엔테 델 파소 온로소** 멀리 눈 위로 마상 결투장이 있다.

순례자의 심정을 그대로 표현한 조형물

**스물셋째 날**
누군가 널 위해 기도하네

아스토르가 순례자 박물관

거울에 떠나는
산티아고 순례길

오늘은
여기까지만

from Astorga to El Acebo / 41㎞

정말 긴 하루였다. 시간이 길다기보다 길이 길었고, 특히 눈보라 때문에 앞이 잘 안 보여서 더욱 힘든 하루였다.

오늘은 어제 저녁에 준비해 둔 고추장찌개와 밥으로 든든하게 시작하였다. 어제 걱정과 달리 출발할 때는 날씨도 좋았다. 그러나 이것은 단지 잠시 맛보기였을까, 2시간 정도 지난 후부터 눈이 오기 시작했다. 그 눈은 점점 눈보라가 되고 앞이 잘 보이지 않을 정도가 되었다. 거기에 20㎞를 걸을 때까지 문을 연 카페도 없었다. 눈보라가 치니 길에 앉아서 쉴 수도 없고 그냥 걷고 걷고 또 걷는 것뿐이었다. 20㎞만에 나온 카페에서 몸도 녹이고, 보카디요(Bocadillo, 바게트로 만든 스페인 샌드위치)로 요기도 했다. 아침을 잘 먹었는데도 배가 고팠다. 커피를 2잔 연거푸 마시고 또 길을 나섰다. 배낭에서 옷을 하나 더 꺼내 입고 우비도 입었다. 우비는 너무 더워서 금방 벗었지만, 옷을 하나 더 입은 건 정말 잘한 판단이었다. 눈보라가 계속 되어 평소처럼 몸에서 열이 나지 않았다. 나는 땀이 많아서인지 우비를 입고 있으면 따뜻한 것이 아니라 통기가 안 되어 너무 더웠다.

눈 속을 뚫고 가는 중에 앞서가던 언식이에게 연락이 왔다. 그는 오늘 갈 수 있는 곳까지 가겠다고 했다. 이미 목표를 37㎞로 잡은 것도 짧지 않은데 갈 수 있는 곳이란 어딜까? 결론적으로 도로를 따라 걸어서 나는 41㎞ 정도, 언식이는 58㎞ 이상을 걸었다. 무시무시한 놈이다. 고민이 많다 보니 빠르게 멀리 걷는 것이 도움이 되나 보다. 이렇게 해서 이제 서로 정말 다른 속도로 가게 되었다. 일단은 각자 자신의 속도대로 걸어서 산티아고에서 만나기로 했다. 아마도 언식이가 멈추지 않는 한, 중간에 내가 언식이를 따라 잡기란 불가능할 것이다. 오늘 아침 계획은 3월 12일 월요일에 산티아고에 도착하는 것이었는데, 언식이는 일요일에 한국어 미사가 있다는 말을 듣더니 그 미사에 참석하고 싶은가 보다. 가능하면 나도 어찌해 보겠지만 쉽지 않을 것이다. 나중에 산티아고에 한국어 미사가 없다는 것을 알기는 했지만, 언식이의 발걸음을 멈추게 하지는 못했다. 언식이가 일요일 미사를 드리고 싶다는 의사 표현을 한 다음부터 갑자기 '목표 지향적'이라는 생각이 떠올랐다. 나도 결론을 내기 위해 엄청 노력하는 사람이고, 직원들도 어떤 면에서는 나를 목표지향적이고 저돌적이라고 생각하곤 하는데, 언식이도 그런 것 같다. 목표가 생기면 그냥 달리는 듯해 보였다. 물론 아마 속사정은 좀 다르겠지만.

오늘 길 중에 크루스 데 페로(Cruz de Ferro)라는 곳이 있었다. '철의 십자가'라는 뜻이다. 길에 대해 아무런 공부를 안 하고 길을 나선 나는 철의 십자가라는 이름에서 엄청 큰 십자가를 기대하고 있었다. 그런데 기둥 위에 작은 십자가가 달려 있다. 자칫 그냥 지나칠 뻔했다. 십자가 밑에는 많은 돌들이 있는데, 이곳에 근심을 놓아 두고 간다는 뜻에서 자기 고향의 돌을 가져와 놓고 가는 풍습이 있다고 했다. 언식이는 한국에서 돌 십자가를 준비해 왔다. 나는 그런 내용을 몰랐기에 내려 놓을 것이 없어서, 그냥 기도만 하고 가던 길을 계속 갔다. 이름이 주는 느낌과 실제 느낌은 다를 때가 많다.

오늘 길의 마지막은 내리막인데 눈이 너무 많이 왔다. 차도를 따라갈 수밖에 없었다. 무릎을 많이 걱정했는데 그래도 그럭저

**스물넷째 날**
오늘은 여기까지만

력 잘 버티는 것 같다. 내일도 시작은 내리막이다. 잘 가야 한다. 언식이 없이 첫 날을 보낸 엘 아세보(El Acebo)의 숙소는 여느 알베르게보다는 호스텔에 더 가까웠다. 방마다 8개의 침대가 있었는데, 겨울이라서 그랬는지 한 방에 그래도 4명씩만 배정해 주었다. 다른 시설도 훌륭했다. 지금은 스파를 공사 중이라는데, 이 길을 걷는 사람들에게 더 좋은 휴식처가 될 것이다. 숙소에서는 큰 전시회를 마친 현지 삼성 직원들의 뒤풀이가 있었다. 멀리 바르셀로나에서부터 이곳 엘 아세보까지 온다고 했다. 누구에게는 순례 중의 따뜻한 하루를 제공하는 곳이고, 또 다른 이에게는 지친 일상에 휴식이 되는 곳이다. 오늘도 숙소에서 새로운 한국 사람을 만났다. 지은 씨라고 했다. 다시 만났던 안나는 이곳을 오는 도중 다른 마을에 머물렀고, 엊그제 만났던 영준 씨와 함께 출발한 성헌 씨 이렇게 4명이 오늘 하루를 마무리한다. 좀 늦은 시간이 되어 언식이가 폰페라다(Ponferrada)의 숙소에 잘 도착했다고 연락을 주었다. 걷는 것보다 어두워진 이후에 길을 찾는 것이 너무 힘들었다고 했다. 58㎞를 하루에 걷다니. 긴 하루만큼 그의 어깨에 짊어진 짐을 조금이라도 길 위에 내려 놓는 하루였기를 기도한다.

눈 속에서 만난 철의 십자가(Cruz de Ferro)

철의 십자가를 지나 엘 아세보로 내려가는 길

**스물넷째 날**
오늘은 여기까지만

# 동반자가 주는
# 힘

from El Acebo to Villafranca del Bierzo / 40km

어제 눈보라를 뚫고 걸었던 기억에 오늘도 날씨가 가장 궁금했다. 다른 도시에서 출발하는 사람들도 서로 날씨를 궁금해하며 오늘은 별일이 없기를 기도했다. 아침을 먹는데 갑자기 하늘이 어두워지더니 눈이 또 오기 시작한다. 아, 오늘도 고생하겠구나. 숙소에서 가장 먼저 출발한 영준 씨는 비옷을 입고 길을 나섰다. 그리고 10여 분 후에 내가 출발했는데 그때부터 눈이 잦아들더니 순식간에 해가 났다. 모든 것이 축복이었다. 해가 나니 길이 달라 보인다. 어제는 차도를 따라 걷느라 아무것에도 관심을 가지지 못하고 길만 보면서 걸었는데, 오늘은 주변의 산과 나무가 보이고 물소리도 경쾌하게 들렸다. 빛이 세상을 얼마나 아름답게 만드는가를 느끼는 시간이었다. 그러다 보니 오랜만에 사진을 찍느라 걸음이 조금 느려졌다.

오늘은 40㎞ 정도를 갈 생각을 하고 길을 나섰다. 어젯밤만 해도 40㎞까지는 갈 계획이 없었는데, 언식이가 내일 오 세브레이로까지만 간다고 했기 때문에 내가 오늘 내일 조금 더 걸으면 오 세브레이로에서 언식이와 다시 만날 수 있을 것이라 생각했다. 출발이 8시 반이라 조금 걱정은 됐지만 내리막과 평지가 대부분이라고 해서 한 번 해 보자는 생각으로 길을 나섰다. 안 되면 중간에 멈추면 되니까. 16㎞를 가서 폰페라다(Ponferrada)라는 도시에 이르렀다. 옛날 성당기사단 본부가 있었던 곳이라고 한다. 성이 정말 그림책에 나오는 것처럼 생겼다. 잠시 오늘 가야 하는 거리를 잊고 성에 올라가 봤는데 돌로 그 옛날에 어떻게 쌓았을까 하는 생각이 들었다. 그리고 점심을 먹으러 레온에서 갔던 중국 뷔페 Wok에 갔다. 큰 도시에는 하나씩 있나 보다. 점심을 든든하게 먹고 나니 이제 남은 24㎞를 갈 수 있을 것 같았다.

오늘 동행은 어제 숙소에서 만난 지은 씨였다. 지은 씨도 언식이처럼 빠르게 걷는다. 그렇지만 덕분에 목적지까지 온 것 같다. 마라톤의 페이스메이커 역할을 지은 씨가 해 준 것이다. 내가 지쳐 있어도, 옆에서 누군가가 계속 같이 가 주면 조금이라도 수월

**스물다섯째 날**
동반자가 주는 힘

해진다. 그래도 이제 걷는 것이 좀 익숙해졌나 보다. 30㎞ 정도는 별 무리가 없다. 35㎞는 되어야 피로가 몰려온다. 중간에 오늘 미사를 비야프란카(Villafranca)에서 드릴 수 있다는 말을 듣고 마지막 8㎞는 온 힘을 다해서 갔다. 미사가 7시인 줄 알았는데 다행히 7시 반이라 늦지도 않았다. 미사는 산 호세(San Jose) 수녀원에서 드렸는데, 성전은 좀 넓은 집 거실 정도 되는 작은 크기였다. 7시 10분쯤 도착했더니 수녀님들이 로사리오 기도를 마치고 저녁 예배를 하고 계셨다. 스페인의 많은 성당은 미사 전에 로사리오 기도를 바치는 것 같다. 지은 씨는 신자가 아닌데도 미사에 참석해 보고 싶다고 해서 같이 갔는데, 스페인어를 할 줄 알아서 정말 놀랐다. 나중에 물어보니 산티아고 순례를 오기 위해 6개월 이상 스페인어를 배웠다고 했다. 정말 아무 준비 없이 달려온 내가 민망했다. 신자는 아니지만, 이 길에서 미사를 접한 사람들이 언젠가 한국에서 성당을 다닐 기회가 생긴다면 얼마나 좋을까 하고 잠시 생각해 봤다.

미사에는 30명이 안 되는 사람들이 참석했는데, 수녀님이 10분 정도 계셨다. 스페인어를 모르지만 언제나처럼 미사 경본을 보면서 우리말로 따라 했다. 영성체를 여기도 양형 영성체로 해 주셨다. 스페인에서는 양형 영성체를 많이 하나 보다. 두 번 다 수녀원 미사이기는 했지만 양형 영성체를 두 번 모셨다. 마지막

강복 때 신부님이 나랑 지은 씨를 보더니 평소 강복이 아닌 장엄 강복을 주시는데 다른 말은 못 알아듣지만 Peregrino(순례자)와 Camino de Santiago de Compostela는 잘 들렸다. 지은 씨도 다 알아듣지는 못하지만 우리 위해 기도하신 것 같다고 했다. 미사를 마치며 "부엔 카미노(Buen Camino, '좋은 길'이라는 말로 순례자들에게 하는 인사)"라고 하시곤, 미사를 마치셨다. 미사 후에도 어디서 왔는지도 물어봐 주시고 잘 마치라고 하셨다. 그러고 나니 한 수녀님이 우리를 붙잡았다. 갑자기 종이를 가져오더니 연락을 하자면서 연락처를 달라셨다. 이메일을 적어 드리니 당신은 케냐에서 온 스텔라 수녀라고 했다. 작은 마을에서 큰 은총을 받았다.

그리고 나서야 숙소에 들어왔는데, 이미 다른 순례자들은 저녁을 먹고 있어서 우리도 함께했다. 저녁을 먹고, 방에 들어오니 숙소가 당황스럽다. 정말 오래된 집인 모양이다. 방에는 콘센트도 없고 난방도 부족해 보였다. 심지어 화장실 문조차 커튼으로 되어 있었다. 샤워기에서 더운 물이 나오는 것이 그나마 다행이었다. 이것도 다 카미노의 일부라고 생각한다. 이 숙소는 이제까지와 다르게 남녀를 구분해서 방을 배정했는데, 제일 늦게 온 나는 남자 방이 꽉 차서인지 여자 방으로 배정을 받았다. 방에는 먼저 온 3명의 여자분들이 있었는데, 너무 신경이 쓰였다. 결국 잠자는 시간을 제외하고는 밖에서 시간을 보낼 수밖에 없었다.

  내일은 이제 오 세브레이로까지 28㎞를 가야 하는데, 뒤쪽 20
㎞는 계속 오르막이라고 한다. 내일이 마지막 산을 넘는 것이다.
내일도 좋은 날씨를 기대해 본다. 물론 지금은 비가 오고 있지만.

엘 아세보를 떠나는 길

**몰리나세카(Molinaseca)에서 만난 불상** 일본과 스페인의 수교 400주년 기념으로 나무에 직접 조각한 것이다.

거울에 떠나는
산티아고 순례길

**폰페라다의 카스티요 데 로스 템플라리오스(Castillo de los Templarios)**
성전기사단의 성으로, 그림책에서 보던 성처럼 생겼다.

비야프란카 델 비에르소(Villafranca del Bierzo)에 있는 산 호세 수녀원의 성당의 제대

**스물다섯째 날**
동반자가 주는 힘

# 힘들면
# 하늘을 보자

from Villafranca del Bierzo to O Cebreiro / 28km

오늘은 숙소의 불편함으로 시작했다. 아침에 6시쯤 일어났는데 할 수 있는 게 없다. 아침은 아직 안 주고, 심지어 문이 잠겨 있어서 먼저 출발할 수도 없었다. 그냥 식당 문이 열리기를 기다렸고, 7시 반이 되어서야 사람이 나왔다. 그래도 아침을 맛있게 먹은 것이 이 숙소의 유일한 좋은 기억이 되었다. 아마도 오늘 이 마을에 머물게 될 안나에게 꼭 다른 숙소를 찾아보라고 문자를 남기고, 오늘 길을 나섰다.

어제 묵은 마을 이름이 비야프란카(Villafranca)인데 '프랑스 마을'이라고 해석하면 될지 모르겠다. 마을이 참 예쁘다. 이제까지

만난 마을과는 어딘가 느낌이 좀 달랐다. 마을을 떠나 길을 가는데도 햇빛이 환히 나서 그런지 전체적으로 너무 예뻤다. 특히 하늘과 길이 더 눈길을 끈다. 좋은 날씨를 만나는 것은 정말 축복이었다.

　오늘은 해발 527m에서 1286m까지 750m 이상의 오르막을 오르는 날이다. 전체 일정 중에 가장 힘든 날이라고 사람들은 이야기한다. 사실 첫날 너무 힘들었기에 속으로 '뭐 이 정도야' 하고 길을 나섰는데 8㎞를 남긴 지점부터 500m를 올라가야 하는 급경사가 시작되었다. 길은 어제 내린 눈이 녹으면서 진창이 되어 있었다. 일부는 눈이고 일부는 물이고. 눈 밑의 길은 자갈길 같은 산길인데 길의 형태를 모르니 발을 디디면 이리저리로 발이 미끄러졌다. 특히나 마지막 2㎞를 오르는 데는 1시간 가까이 걸렸다. 차도로 가는 방법도 있었는데, 화살표가 눈길을 가리키고 있었고, 눈길에 발자국도 많이 있어서, 눈길로 들어간 것이 실수였다. 아마 차도를 따라 올라갔다면 조금이라도 수월했을 것이다. 다만 스페인의 갈라시아(Galacia) 지역의 시작을 알리는 표지석은 카미노 길로 간 덕분에 만날 수 있었다. 화살표를 따라서 여기까지 잘 오다 보니 화살표에 대한 신뢰가 강해져서 눈으로 보기에도 차도로 가야 할 것 같은데, 많은 발자국이 눈 위에 있는 것을 보니 화살표만 보고 따라간 사람이 많은 것 같았다. 나

**스물여섯째 날**
힘들면 하늘을 보자

도 그 발자국을 따라갔다. 비록 오늘은 화살표를 따르느라 더 힘이 들었지만, 그래도 앞으로도 화살표를 따라서 길을 가야 한다. 삶에서도 제대로 따라갔기 때문에 고통을 겪는 경우가 있는데 이런 경우가 아닐까 한다. 어떨 때는 한두 번 옳은 일을 하다 불이익을 당하면 그냥 그 길을 포기하는 경우가 있는데, 화살표를 따라가다 만난 어려움은 그럼에도 계속 화살표를 따라가라는 말이 아닌가 한다. 회사로 눈을 잠시 돌리니 내가 생각하는 것이 옳다면 불이익이 있더라도 같은 상황에서는 같은 판단을 하라고 하는 것처럼 생각되었다.

경사를 오르기 전에 점심을 먹으러 식당에 들렀는데 주인 아저씨가 영어를 잘하셨다. 거기에 매우 유쾌하기까지 하셨다. 오늘의 메뉴를 추천해 주셔서 수프와 돼지고기 요리를 먹고 레몬 크림을 후식으로 택했는데 모든 요리가 너무 맛있었다. 식사를 하다, 지은 씨가 지나가는 것을 보고 들어와서 같이 먹자고 했다. 아버지와 동생과 함께 왔다가, 혼자 남은 요섭이도 다시 만났는데, 요섭이는 이미 점심을 먹었다고 했다. 식사를 마치고 내가 먼저 계산하는데 21유로라고 한다. 어쩐지 맛있었다. 내가 21유로인지 되묻자 또 영어를 하시는 주인 아저씨가 오더니 설명해 주신다. 주중 점심에는 12유로짜리 메뉴가 있는데 저녁과 주말에는 더 좋은 메뉴로 21유로에 식사를 판다고 하셨다. 그래서 21

거울에 떠나는
산티아고 순례길

유로를 내려는 순간 15유로만 내라고 하셨다. 할인해 주시겠다고 했다. 식사도 맛있게 하고 기분까지 살린 점심이었다. 아마 든든하게 점심을 안 먹었으면 남은 길이 더 힘들었을 것 같다.

힘들게 길을 오르다 문득 든 생각이 '땅만 보고 가고 있구나'였다. 주변의 경치에 감탄하고, 산과 하늘을 사진에 담던 조금 전의 모습과 다르게, 어디를 디뎌야 할지만 고민하고, 바로 내 발이 닿을 곳만을 보고 있는 모습을 인지한 것이었다. 잠시 슬프기도 하고 세상을 살아가는 내 모습 같기도 했다. 일이 잘 풀릴 때는 기분이 좋아서 더 주변을 잘 보게 되고 그것으로 인해 더 좋은 일도 생기지만, 어떤 괴로움에 사로잡힌 때는 그 괴로움만 쳐다보느라 주변의 행복을 인지하지 못하고 점점 더 불행해지기도 한다. 힘들수록 한 걸음 옆으로 빠져서 생각하고, 그 순간에도 행복한 기억을 만들어 가야 하는데 그렇지 못한 게 현실이다. 특히 회사는 뭔가 잘못되면 모두 다 그 일을 하느라, 과거 잘되던 것조차 무너지는 경우가 다반사다. 그래서 오늘 마지막에 힘이 많이 들었지만 더 자주 고개를 들고 주변을 돌아보기 위해 의도적으로 노력을 했다. 삶 속에서도 힘이 부치면 잠시 벗어나 주변을 돌아봐야겠다. 그런 의미에서 이번 순례는 너무나 은혜로운 시간이다. 회사에 매몰되어 내가 누구인지를 잃어갈 때 다시 나를 찾을 수 있는 소중한 시간이 되었다.

**스물여섯째 날**
힘들면 하늘을 보자

오늘 종착지는 오 세브레이로인데 과거 성체 성혈을 의심하는 사람들 앞에서 밀떡과 포도주가 정말 살과 피로 변했고, 현대 과학으로도 정말 살과 피라고 밝혀졌다는 성체와 성혈을 모셔 놓은 성당이 있는 곳이다. 그런데 나는 전시된 성체 성혈을 보면서 예수님의 살과 피라는 경외심도 들었지만, 하느님은 정말 다양한 모습으로 우리에게 오시는데 그 모습을 제대로 판별하는 능력을 가지고 싶다는 생각도 들었다. 꼭 진짜 사람 살이고 피여야만, 그것을 과학적으로 확인해야만 믿는 것이 아니라 이 세상에 다양한 모습으로 우리에게 오셔서 함께하고 계신 하느님을 인지할 수 있다면, 정말 삶이 매 순간 새롭겠구나 하는 생각이 들었다. 물론 화살표가 힘든 길을 알려 주기도 하는 것처럼 하느님의 길을 보고 따르는 것이 편안한 삶만을 말하지는 않을 것이다.

언식이를 다시 만났다. 언식이는 오 세브레이로 성당에서 12시 주일 미사에 참례하고, 길을 멈추었다. 그러기 위해 어제 열심히 걸어서, 오전에 올라올 수 있는 정도의 거리에서 하루를 묵었다고 했다. 그런데, 그 마을의 숙소는 난방도 제대로 안 되고, 식사도 제공이 안 되어서 정말 어려운 하루를 보냈다고 했다. 그래도, 올라오면서 마지막 2㎞에서 차도를 택한 덕분에 12시 미사에 늦지 않고 참석할 수 있었다고 했다. 나도 다소 불편한 숙소에서 하루를 보내고 길을 걸어 왔지만, 언식이 이야기를 들으

며, 정말 이 길에서 만나는 모든 것들을 받아들이고 감사해야 한다는 생각이 다시 한 번 들었다.

오늘도 저녁 미사를 드리러 갔다. 사실 어제 특전미사를 했지만 그래도 의미 있는 성당이고, 지금은 순례 중이고 해서 성당에서 잠시 묵상을 하고 미사를 드리러 갔다. 언식이는 12시 미사를 했지만 나와 함께 다시 미사에 참석했다. 미사 전에 갑자기 신부님이 우리에게 오시더니 영어를 읽을 줄 아냐고 물어보셨다. 할 수는 있다고 했더니 신자들의 기도를 하라고 하셨다. 한두 번 못 한다고 하다가 "예"라고 할 수밖에 없었다. 그리고 미사 중에 단상에 올라가서 신자들의 기도를 했다. 오늘 미사 중에 다른 모든 예식은 스페인어로 진행되었지만, 내가 기도한 신자들의 기도만 영어로 진행되었다. 순례길 중에 여러 번 신부님의 강복을 받은 것도 은총이었지만 직접 미사 전례에 참여한 것은 더 큰 은총이었다. 참 은총을 많이 받는다.

오 세브레이로의 숙소는 공립 알베르게 하나와 호텔 몇 개가 있었다. 이제까지의 숙소와는 달리 공립 알베르게는 깔끔한 건물에 깨끗한 시설을 하고 있었다. 그리고, 한 방에 100명은 수용할 수 있을 것같이 침대가 가득 차 있었다. 대부분 사람들이 어렵게 이곳에 오르기 때문에 머물고 가는 사람들이 많아서, 숙소를 크게 지은 모양이다. 그래서 그런지, 오늘 숙소에는 30명 가까운 사람들이 묵었다. 이 많은 사람들이 다 이 길을 같이 걷고 있다는 것을 오늘에야 알았다. 비록 음식을 해 먹을 수 없는 환경이고, 한 방에 침대가 너무 많기는 했지만, 지친 발을 쉬게 하기에는 충분히 편안한 자리였다. 다만, 성수기에는 그 많은 사람들이 한 방에 있어야 하는 상황과 제한된 샤워실과 세탁실 등편의 시설 때문에 다들 정신이 없겠구나 하는 생각도 들었다.

우리는 힘들게 눈길을 뚫고 왔지만, 오 세브레이로는 이 지역 사람들에게는 나들이 장소였다. 우리가 도착한 날이 일요일이었고, 눈이 많이 왔기 때문에 산 정상에는 많은 사람들이 차로 올라와서 아이들과 즐거운 한때를 보내고 있었다. 내가 무거운 발걸음으로 올라온 그 길은 아이들에게는 멋진 눈썰매장이었던 것이다. 용서의 언덕 정상에서 행복을 느끼고 있던 그 시간에 차로 올라와서 사진만 찍고 내려가던 사람을 보면서는 다소 억울하다는 생각도 들었었는데, 지금은 같은 시간, 같은 장소도 여정과 목적에 따라 정말 다를 수밖에 없구나 하는 생각이 들었다. 누군가에게는 인생의 버킷리스트를 완성하는 시간이지만, 누군가에게는 가족들과 하나의 추억을 만드는 장소인 것이다. 회사에서 작은 일에 신경 쓰고, 다른 사람들의 무관심에 가슴 아파했던 것을 생각해 보면, 아마도 그들과 나는 같은 시간, 같은 장

소에 있었지만 다른 삶의 여정에 있었다는 것을 내가 몰랐던 것 같다. 오 세브레이로는 누군가에게는 기적의 장소로 꼭 머물고 싶은 장소였고, 누군가에게는 800㎞를 걸어가는 소중한 어느 한 순간이었고, 또 누군가에게는 즐거운 추억이었던 것이다. 그러나, 그 누구도 어느 것이 더 소중하고 가치 있다고 이야기할 수 없을 것이다. 인생의 길에서도 각자 열심히 소중한 삶을 살고 있는데, 너무 쉽게 내 기준에 따라 가치를 재단하는 일은 이제는 없어야겠다.

길을 나서며 돌아본 비아프란카 델 비에르소

**스물여섯째 날**
힘들면 하늘을 보자

오 세브레이로로 오르는 길의 하늘 풍경

갈라시아의 시작을 알리는 경계석

겨울에 떠나는
산티아고 순례길

오 세브레이로 정상에서 즐거운 시간을 보내는 가족들

오 세브레이로 성당에 전시된 각국의 성경

**스물여섯째 날**
힘들면 하늘을 보자

스물일곱째 날

/

# 걷는 것도
# 휴식이 된다

from O Cebreiro to Triacastela / 21km

오늘은 내 발에 휴식을 주는 날이라고 생각하고 하루를 시작하려고 했다. 계획된 거리가 21㎞에 지나지 않았기 때문이다. 그러나, 숙소를 나오자마자 그 기대는 '오늘 하루를 또 어떻게'라는 걱정으로 바뀌었다. 어제까지 쌓인 눈에 지금 내리는 눈이 더해져, 길은 눈으로 뒤덮여 있고, 심지어 시야 확보도 되지 않았다. 이 길을 걷기 25일째, 여러 번 눈이 오기는 했는데 오늘 아침이 가장 심하게 눈이 오는 느낌이었다. 사실 눈은 엊그제 더 많이 와서 정말 힘들게 하루를 마무리했었는데, 오늘은 시작부터 눈을 보니 좀 겁이 났는지, 오늘이 더 안 좋게 느껴졌다. 처음 생장에서 시작할 때처럼 오늘은 도로를 따라가기로 했다. 도로에도

겨울에 떠나는
산티아고 순례길

계속 눈이 오고 제설차가 오갔다. 아무리 제설을 빠르게 해도 눈이 쌓이는 속도가 더 빨랐다. 그래도 걸어갈 수 있으니 다행이었다. 중간에 경찰차인 듯한 차가 지나가면서 괜찮은지 도움이 필요한지 물어 봤다. 물론 괜찮다고 하고 보냈지만 날이 안 좋기는 하구나 하고 생각을 했다. 날이 안 좋으면 나쁜 것 중 하나가 중간에 휴식을 취하기도 어렵다는 것이다. 앉을 곳도 없고, 거기에 겨울철에는 문을 연 가게도 별로 없었다.

계속 도로를 따라 내려오면서 마을을 만났고 그 마을 입구 카페에 불이 켜진 것을 보고 무작정 들어갔다. 다행히 가게는 열려 있었고 따뜻하기까지 했다. 보카디요와 커피로 아침 겸 점심을 하고 있는데 처음 만나는 호주 부자가 들어온다. 반바지 차림에 물에 빠진 생쥐처럼 다 젖어 있었다. 나오면서 물어보니 산티아고에서 거꾸로 오는 길이라고 했다. 엊그제 눈 속에서 만난 사람도 거꾸로 걷고 있다고 했는데 가끔 거꾸로 걷는 사람도 있는 것이 신기하기는 하다. 그 사람들은 매번 화살표 반대 방향으로 가고 있을 것이다.

식사를 마치고는 눈이 좀 멎고 있어서, 이제는 카미노 길을 걷기로 했다. 비록 눈이 좀 있기는 했지만 계속 도로를 따라 걷는 것보다는 발에 주는 부담이나, 길이 주는 평안함을 생각할 때 카미노 길이 나을 거라 생각했기 때문이었다. 결론적으론 '신의 한 수'였다. 조금 걷다 보니 눈이 멎고, 눈도 없는 길이 나왔다. 여기는 눈이 안 온 모양이었다. 평소 카미노 길에서 보던 아름다운 숲길이 다시 펼쳐졌다. 정말 신기했다. 몇 분 전까지 눈보라를 뚫고 걸은 것 같은데, 평온한 숲길을 즐기고 있었다. 산을 넘다 보니 날씨 변화가 예측 범위를 넘어선다. 이제서야 호주 부자의 옷차림이 이해가 갔다. 좋은 날씨를 생각하고 편히 입고 출발했는데 중간에 비나 눈을 만나서 흠뻑 젖었고 카페를 찾아 쉬러 들어온 것이었으리라.

오늘 하루를 머무는 트리아카스텔라(Triacastela)의 알베르게는 지은 지 얼마 안 되는지 벽을 메우고 있는 낙서 중 2014년 것이 가장 오래된 것이었다. 부엌이 없고, 와이파이가 안 되는 단점은 있지만, 숙소가 잘 정돈된 느낌을 준다. 주변 경치도 예쁘다. 하루를 잘 쉬고 내일도 잘 걸어갈 것 같다. 오늘도 숙소에서 새로운 한국분과 인사를 했다. 비야프랑카 델 비에르소에서부터 오가며 만났지만 그냥 지나쳐 왔는데, 오 세브레이로에서 내려오면서 잠시 함께하게 되어 얼굴을 알게 되었다. 근상 씨라고 자신을 소개한 그분은 회사를 옮기면서 잠시 시간을 내서 폰페라다부터 이 길을 걷는다고 했다. 걷는 것은 자신 있어 보이는 사람이었다. 새로운 사람을 만날 때마다 내가 얼마나 준비 없이 이 길

에 올랐는지 부끄럽기도 했지만, 그럼에도 불구하고 용기를 냈고, 또 여기까지 25일을 걸어 온 내가 자랑스럽기도 했다.

삶에 휴식과 변화를 주기 위해서 시작한 이 길에서, 이 길을 위한 휴식을 주기로 한 것은 레온 구경을 하느라 하루 쉰 이후 오늘이 처음이다. 특히나 41㎞, 40㎞, 28㎞를 연속해서, 거기에 어제 마지막은 오르막 눈길을 지나온 오늘은 정말 휴식이 필요한 시점이었다. 처음에 눈은 왔지만, 거리가 짧아서 나름 휴식이 되었다. 내일도 지금 생각으로는 처음으로 20㎞ 이하로 이동할 생각이다. 물론 좀 지나봐야 알겠지만. 오늘과 내일의 짧은 여정이 남은 일정을 잘 마치는 데 많은 도움이 될 것이다.

이제 140㎞가 남지 않았다. 걸을 날도 6일 남았다. 25일이 꽤 빠르게 지나갔다.

**스물일곱째 날**
걷는 것도 휴식이 된다

눈 속에서 만난 순례자 상. 해발 1270m 알토 데 산 로케(Alto de San Roque)

눈길을 혼자 걷고 있는 순례자

겨울에 떠나는
산티아고 순례길

트리아카스텔라 입구의 기이한 나무

**스물일곱째 날**
걷는 것도 휴식이 된다

## 모르면
## 물어보자

from Triacastela to Sarria / 25km

　오늘은 18㎞만 걸으면 되는 날이었다. 어제 21㎞에 이어 가장
짧은 거리만 걸으면 된다고 생각하고 길을 나섰으나, 마을을 나
가는 지점에 갈림길에서 사모스(Samos)의 수도원에 들르기로 하
면서 거리가 25㎞로 바로 늘어났다. 최근에 걸은 거리가 상당했
기 때문에 25㎞는 사실 별걱정 없이 출발했다. 비가 오락가락하
는 날씨지만, 길을 가기에는 문제가 없는 정도였다.

　동생 부탁도 있고 해서 오늘은 특별히 걸음걸음이 하윤이의
치유를 기원하는 걸음이라 생각하고 길을 갔다. 이제까지도 진
원이, 동섭이, 인섭이뿐 아니라 어머니와 가족들, 특히 조카들을

위해 기도하였지만 오늘은 하윤이 생각을 좀 더 하며 길을 걸었다. 하윤이는 어린 나이에 백혈병으로 항암치료를 받고 있다. 치료는 잘될 것이 틀림없지만 아픈 몸만이 아니라 힘들어하는 마음도 잘 치료되기를 바랐다.

도로와 산길을 번갈아 가며 길을 갔다. 거리나 오르내림이 힘든 것보다 그냥 피로가 쌓였는지 발이 좀 무겁다. 다행히 언식이가 오늘은 빠르게 가지를 않아서 이런저런 이야기를 하기도 하고, 어떤 때는 말없이 나란히 걷기도 하면서 길을 갔다. 이 길이 결국 혼자 걷는 길이기는 하지만 옆에 누군가가 말없이 같이 걷는 것만으로도 큰 힘을 얻는다. 이 길만이 아니라 삶도 결국은 혼자 가는 것이지만 누가 옆에 있느냐는 큰 차이를 만든다.

사모스에서 만난 베네딕토(Benedictus) 수도원은 6세기에 만들어진 수도원이라고 한다. 언덕 위에서 내려다본 수도원은 정말 웅장한 모습이었고 가까이 가서 본 모습은 정말 고풍스런 담을 가진 멋진 건물이었다. 수도원에 들어갈 기회는 없었지만 멀리서라도 바라본 것만으로도 길을 돌아온 가치가 있었다. 길에 대한 정보를 좀 더 가지고 있었으면, 이곳 사모스의 수도원에서 하루를 묵었어도 좋았을 것 같았다. 사모스에서 멈춘 김에 커피 한 잔을 포함한 식사를 했다. 동네 카페에서 커피를 내려 주시던 할

머니는 무슨 말씀을 하시는지는 하나도 알 수 없었지만 느낌만으로도 사람을 따뜻하게 만드시는 분이셨다. 어떤 사람은 함께 있는 것만으로도 불편하게 만들지만, 누군가는 아무런 교감이 없어도 마음을 푸근하게 만든다는 것이 참 신기했다.

이제는 남은 길은 도로를 따라가기로 했다. 비가 오락가락하는 것도 있고, 언식이 신발이 찢어져서 물이 새는 상황이었고, 나도 힘이 들어서 거리가 조금이라도 짧은 도로로 가는 것이 서로에게 좋을 것이라 생각했기 때문이었다. 그런데 갑자기 빗방울이 굵어지더니 장대비가 쏟아졌다. 다행히도 장대비가 쏟아지기 직전에 비를 피했는데 우비를 입는 동안 엄청나게 비가 내렸다. 그리고는 잠시 후에 비가 멎었다. 하늘을 올려다보니 비구름과 맑은 지역으로 갈라져 있다. 잠시 걷다가, 우비를 벗어 정리하고 길을 다시 걷기 시작하는데, 다시 무지개가 나타났다. 지난번 팜플로나에서 푸엔테 라 레이나로 가면서 만난 무지개는 이제까지 본 것 중 가장 컸다면, 오늘 무지개는 정말 손에 잡힐 듯이 가까웠다. 반원 모양의 무지개는 시작과 끝을 다 우리에게 보여 줬다. 너무나 아름다웠다. 그리고는 순식간에 사라졌다.

오늘은 공립 알베르게가 아니라, 앞선 친구들이 묵었다고 알려준 숙소를 잡았다. 숙소는 참 깔끔하다. 근데 좀 춥다. 그래

서 이야기를 하니 벽에 있는 히터를 틀어준다. 그러나 아무런 차이가 없다. 추운 숙소에 짐을 풀고, 이곳 성당에서도 매일 미사가 있다고 해서 봉헌하러 갔다. 흑인 신부님이셨는데, 내가 가진 선입견의 문제지만, 스페인어를 사용하시는 흑인 신부님이 특이하게 생각되었다. 신부님께서 미사 중에 언식이와 나를 바라보시며, 영어로 미사를 마치고 찾아오라고 하시더니 강복도 영어로 주셨다. 그리고 미사 후에는 앞으로 지나갈 마을 중에 미사를 드릴 수 있는 마을을 알려 주셨다. 미사에 참석한 순례자가 언식이와 나밖에 없는 것이 항상 안타깝기는 했지만, 신자인 우리들에게는 참 축복스러운 순간순간이다. 방에 돌아와 저녁을 먹으러 나가면서 다른 직원에게 춥다고 다시 이야기했는데, 이번에는 전원만 켜는 것이 아니라, 타이머를 함께 틀었다. 그제서야 더운 바람이 나오기 시작한다. 이 히터는 타이머를 틀어야만 열기가 나오는 것이었다. 다행히 냉방에서 자는 것은 면했다. 역시 모르면 물어보는 수밖에는 없다.

오늘 저녁은 잘 먹기로 하고 호텔 로마의 식당을 찾아갔다. 한국 순례자들 사이에서 맛있는 곳으로 알려진 식당이라고 했다. 심지어 한글 메뉴판도 갖추고 있었다. 아마도 성수기에는 많은 한국 사람들이 찾아 오는 모양이다. 나는 한글 메뉴를 보고 곱창 수프와 돼지고기 스테이크를 시켰는데 곱창 수프가 꼬리곰탕

**스물여덟째 날**
모르면 물어보자

이었다. 양념은 약간 다르지만 꼬리곰탕은 너무 잘 고아졌다. 입 안에 기름이 흐르는 것 같았다. 생각지도 않은 곳에서 정말 한국 요리를 먹은 기분이었다. 돼지고기 스테이크는 항정살 스테이크였는데, 좀 짜기는 했지만 소금을 적당히 걷어내고 잘 먹었다. 근데 너무 배가 불러서 다 먹을 수가 없었다. 점심을 못 먹고 걸었는데, 배가 고프다고 5시에 컵라면을 먹은 것이 문제였다. 잠시 허기를 버텼으면 더 맛있게 먹을 수 있었을 텐데 좀 아쉽기는 했다.

오늘은 샤워실에서 넘어졌다. 정말 큰일 날 뻔 했으나, 조금 등이 긁힌 정도인 것은 정말 하늘의 도움이었다. 여기서 손이든 엉덩이든 땅에 닿은 것이 3번째다. 처음은 내리막에서 진흙에 미끄러져서 엉덩방아를 찧었고, 두 번째는 길에서 나뭇가지 밑으로 지나갈 때 나는 잘 지나갔다고 생각했지만 배낭이 걸려서 땅에 손을 짚었고, 세 번째가 오늘 샤워실에서 넘어진 것이다. 길에서 물 밑의 이끼가 있는지 모르고 걸어가다가 미끄러질 뻔한 적도 있었다. 하여간 어디서나 조심해야겠다.

이제 114㎞, 날수로는 5일 남았다. 별걱정 없이 할 수 있을 거라 생각하고 시작했지만, 중간에 너무 힘들었던 날도 많았다. 그래도 벌써 700㎞ 가까이 걸었다. 대단하다. 꾸준함이 어떤 건지를 몸으로 배우고 있다. 내일도 또 다른 길이 기다리고 있겠지.

거울에 떠나는
산티아고 순례길

언덕 위에서 내려다본 베네딕토 수도원

사리아(Sarria) 입구에서 만난 작은 무지개

**스물여덟째 날**
모르면 물어보자

스물아홉째 날

___

# 네잎 클로버

from Sarria to Portomarin / 23㎞

드디어 100㎞ 이내로 들어왔다. 이제 93㎞ 남았다.

오늘은 좀 천천히 준비하고 8시 반쯤 길을 나섰다. 같이 움직이던 성헌 씨는 어제 장염이었는지 밤새 고생을 한 모양이었다. 힘들어 보였으나, 성헌 씨는 루고(Lugo)라는 도시를 거쳐 갈 것이라고 해서 또 다시 언식이와 둘이 길을 나섰다. 오늘은 23㎞ 정도를 가면 되는 길이었다. 오늘의 길은 미국에 살고 있는 처제네를 위하여 걷기로 했다. 어려운 결정을 하고 멀리 떨어져 살고 있는 부부가 삶의 순간순간에 하느님의 은총과 행복을 느끼며 살기를 기도했다.

오늘 길은 이제와 달리 2~3㎞마다 마을이 있다고 되어 있어서 중간중간에 휴식을 가질 것을 생각하며 길을 나섰는데 완전히 잘못된 판단이었다. 마을이 많은 건 맞는데, 너무 작은 산골 마을이라 바르가 연 곳이 없었다. 이곳 사리아(Sarria)에서부터만 출발하면 순례증서를 받을 수 있다고 하는데, 성수기에는 이곳부터 걷기 시작하는 사람이 많다고 한다. 그래서인지 성수기 때를 준비하는 듯 공사를 하는 곳이 많이 있었고, 그곳에서만 사람들이 보였다. 그래서 23㎞를 쉼 없이 가야 하나 걱정하는 때에 마을 가게가 하나 나왔다. 그 가게에서는 한국 라면도 팔고 있었다. 가게는 식료품도 팔고, 기념품도 팔고, 간단한 등산용품도 팔고 있는 잡화점이었는데, 주인 아주머니의 따뜻한 마음씨가 20㎞ 가까이 쉼 없이 걸어온 나를 잠시라도 쉬어 가게 만들었다. 컵라면 하나를 먹고 남은 5㎞ 정도를 걸어서 오늘 일정을 마쳤다.

길을 걷는 중간에 클로버를 보더니, 언식이가 갑자기 쪼그러 앉았다. 그러면서 네잎 클로버를 찾는다고 했다. 내가 무슨 네잎 클로버가 그냥 찾으면 찾아지는 거냐고 물었더니, 그렇다고 대답을 했다. 그리고는 정말 네잎 클로버를 찾아 냈다. 나는 이렇게도 행운을 찾을 수 있구나 하는 것이 신기했다. 그러면서 언식이는 네잎 클로버를 꺾어 가는 것이 아니라, 그대로 두고 가면서,

**스물아홉째 날**
네잎 클로버

눈으로 봤으니까 됐다고 했다. 꺾어 가면 내 주머니 안의 행운은 될지 모르지만, 그대로 두면 지나가는 모든 사람의 행운이 될 것이다.

오늘은 이상하게 더 힘이 들었다. 거리가 긴 것도 아니고, 길이 어려운 것도 날씨가 나쁜 것도 아닌데 속도가 나지 않았다. 몸이 무거웠다. 26일 동안 걸은 피로가 누적되었는지 목적지에 가까이 와서 긴장이 풀리는지 그냥 오늘은 몸이 좀 무거웠다. 그래도 또 여기까지 잘 왔다. 몸이 무거워서인지 걷는 동안 이런저런 생각이 들락날락할 뿐 생각에 깊이가 생기지 않았다. 100㎞ 남았다는 이정표 외에는 특별한 곳도 없었던 것 같다. 그래도 날씨가 나름 좋았고 험하지 않은 산길을 걷는 거라, 걷는 동안 마음은 편안했던 것 같다.

어제 미사를 드리면서 남은 마을마다 미사가 있다는 것을 알았기에 오늘도 미사를 드리려고 했는데 오늘은 낮에 장례미사가 있어서 저녁 미사는 없었다. 장례미사에 다녀온 언식이 말로는 두 사람의 장례식이었다고 했다. 나는 낮잠이 들어서 참석하지 못했지만, 그분들 영혼의 안식을 위해 기도했다. 어제에 이어, 오늘 저녁도 아주 잘 먹었다. 앞선 친구들이 추천한 식당에 갔는데, 장어튀김을 안주로 좀 먹고, 해산물 요리를 주요리로, 치즈

케이크를 디저트로 먹었다. 언식이는 고기를 먹겠다고 하면서, 1kg을 주문했다. 주문을 하면서, 나누어 먹을 것이 아니라 혼자 먹을 것이라고 했더니, 종업원이 매우 놀라는 모습이었다. 주방 안에서 힘들게 고기를 자르는 모습이 보였다. 티본 스테이크처럼 중간에 뼈가 있는 고기였는데, 잘라진 크기가 1kg이 아니라 1.4kg인데 괜찮겠냐고 물었다. 결국 조금 남겨서 포장해 왔지만, 그 고기를 먹는 언식이는 정말 위대했다.

이제는 이 길의 마무리를 생각할 때가 되었다. 지금 계획대로라면 일요일에 산티아고에 도착할 것이다. 원래 계획은 남은 90여km를 20km 남짓씩 걷는 일정이었는데, 12시 미사를 여유 있게 드리고 미사 전에 고백성사를 하면 더 좋을 것 같아서 남은 90여km를 3일 차에 좀 더 걸어서 4일 차에 10시 이전에 산티아고에 도착할 수 있게 해 보자고 했다. 그렇게 하는 것이 남은 여정에도 잘 맞을 것 같아서 일단은 그렇게 생각하고 길을 준비하려고 한다.

**스물아홉째 날**
네잎 클로버

**사리아를 나서는 길목의 간판들** 태극기와 한글로 적힌 '환영합니다'라는 말이 눈에 들어왔다.

길에서 만난 네잎 클로버

많은 사람들의 손길이 느껴지는 100㎞ 남음을 알리는 표지석

**스물아홉째 날**
네잎 클로버

# 길이
# 끝나간다

from Portomarin to Palas de Rei / 25㎞

끝이 보인다. 이제 67㎞ 남았다. 어느덧 지도상으로 걸은 거리
가 713㎞가 되었고, 실제로는 도로를 따라서 길을 돌아간 적이
많아서, 이미 800㎞ 정도가 되지 않았을까 싶다. 생각하면 할수
록 스스로도 대단하다.

오늘은 우리 가족들을 생각하며 길을 걸었다. 어머니, 장인 장
모님, 원선이네, 영재네, 영진이, 처형네, 처제네 모두의 건강과
평안 행복을 기원하고 아이들의 건강과 잘 자람을 특별히 생각
하면서 길을 걸었다. 각자만의 고민들이 있겠지만 그것이 무엇이
든 고민 때문에 걱정과 근심에 빠지지 않고, 행복한 미래를 맞이

하기를 기도했다.

　오늘은 25㎞ 정도를 걸었고 특별한 어려움은 없는 길이었다. 특히 날씨가 길을 걷기에 좋은 하루였다. 한 방울의 비도 오지 않았고 햇살이 따갑게 비추지도 않았다. 28일 중에 가장 걷기 좋은 날씨가 아니었나 싶을 정도였다. 그럼에도 불구하고 어제도 좀 그랬는데 오늘도 이상하게 처음부터 힘이 들었다. 길을 마무리할 때가 되어서 긴장이 풀린 건지 아니면 피로가 쌓인 건지, 하여간 속도가 나지 않았다. 뒤처져서 길을 가다 중간에 커피를 마시러 잠시 모였다. 커피와 파이를 먹고 나니 훨씬 힘이 났다. 배가 고파서 걷기가 힘들었나 싶기도 했다. 그래도 전날 저녁을 잘 먹어서 배가 고프진 않았는데 말이다. 쉬고 나서 다시 길을 가면서 새로운 한국 사람을 만났다. 희정 씨라고 했다. 로스쿨을 나와서 변호사 시험을 치르고 발표 전에 이 길을 걷고 있다고 했다. 이런저런 이야기를 하면서 걷다 보니 속도가 좀 났다. 희정 씨도 정말 잘 걷는다. 이야기를 하고 보니 이미 이 길에서 2일 거리를 두 번이나 하루에 걸었다고 했다. 한국에서도 지하철 노선의 처음부터 끝까지 걷기도 했다니 참 대단했다. 그래서 걷는 것만큼은 자신 있다고 했다. 결국 중간에 내가 속도를 맞춰 걷기 힘들어서 먼저 가시라 하고 나는 좀 쉬었다가, 오늘은 잠시 천천히 오던 언식이와 같이 걸었다. 아침 식사 후에 언식이는 다른 날과는 다르게 갑자기 천천히 걸었다. 이유를 물어보니 길이 너무 조금 남아서 빨리 가기가 싫다고 했다. 남은 길은 둘이 걸었지만, 서로 많은 이야기를 하지는 않았다. 같이 걷다가 앞서간 사람들이 추천한 식당을 만나서 이번엔 점심을 하기로 하고 들어갔다. 해산물을 많이 하는 집이라고 해서 홍합요리와 새우요리를 선택했다. 어제도 해물요리를 먹었지만 오늘도 참 맛있게 먹었다.

언식이가 일요일 미사 전에 고백성사를 드리기 위해 준비를 한다고 했다. 나는 생각지도 못한 많은 길에 대한 생각을 언식이는 하고 있었다. 나도 고백성사를 드려야겠다고 생각하며, 걸으면서 성찰을 하는데 생각이 오락가락해서 잘 정리가 되지는 않지만, 그래도 이 길을 걷고 부활판공 시기에 고백성사를 드릴 수 있다는 것은 큰 영광이다. 우리말로 해도 되는지는 모르겠지만 남은 3일 동안 마음의 준비를 잘 해야겠다.

숙소에 와서 다른 날과 마찬가지로 씻고 좀 쉬다 미사를 드리러 갔다. 7시 미사에 6시 50분쯤 갔는데 성체조배를 하고 계신다. 성광에 성체 현시를 해놓고 신부님의 주도 아래 성체조배를 하고 있었다. 그리고 미사를 봉헌하는데 기타 반주에 맞추어 성가를 부른다. 이제껏 카미노 중에 미사를 여러 번 드렸지만 기

타 반주에 신자들이 성가를 부르는 것은 처음 봤다. 수녀님들이 성가를 부르시는 것만 봤던 것 같다. 그것도 머리가 하얗게 세신 할아버지께서 기타 반주를 하시며 성가를 부르셨다. 좀 색다른 풍경이었다. 미사를 마치자, 이번에도 신부님께서 유창한 영어로 순례를 잘 마치고, 순례에서 얻은 것이 남은 삶에 소중한 것이 되기를 기원해주셨다.

미사 후에 크리스티앙이라는 독일 친구와 함께 저녁 식사를 했다. 식당을 찾다가 우연히 만나서 같이 갔는데, 그는 이번에 졸업을 했고, 새로운 직장에 4월 1일부터 출근할 거라 그 사이 기간에 순례길을 걷고, 이후에는 태국에서 시간을 보낼 것이라고 했다. 여러 사람을 만나며 이 길을 걸었지만 외국사람과 단둘이 식사를 한 것은 처음이었다. 스페인이라는 환경에 다양한 나라 사람들과 함께 걷고 지내고 했지만, 외국 사람을 편안히 대하는 것은 익숙하지 않았다는 것을 새삼 알게 되었다. 말이 통하고 안 통하고의 문제 이전에 내 마음이 편한지 않은지가 더 중요하구나 하는 것을 느꼈다.

이렇게 또 하루가 갔다. 석양을 사진에 담기 위해 한참을 기다리다 그냥 어두워져서 돌아오기도 했지만 은혜로운 순간들이 지나고 있다. 내일은 또 어떤 날이 기다릴지 궁금하다.

**서른째 날**
길이 끝나간다

나무 사이를 따라가는 순례길

해산물 요리를 먹은 식당 앞에서 만난 양들

겨울에 떠나는
산티아고 순례길

# 인생도 계획을 세우나요?
# 그리고 만찬

from Palas de Rei to Arzua / 29㎞

　오늘은 30㎞ 가까이 걸었다. 이제까지 걸어온 길을 생각하면 30㎞는 별문제는 아니라고 생각하고 길을 나섰다. 아침에 비가 내려서 좀 걱정을 했으나 중간에 잠시 소나기가 내린 것을 제외하면 날씨가 어제처럼 너무 좋았다. 차라리 약간의 더위를 느낄 정도였다.

　오늘 길은 주로 숲길이었다. 길을 걸으며 찍은 사진을 다시 보니 거기가 거기처럼 모두 다 비슷하다. 좌우는 초록색이고 내가 가는 길은 흙이나 자갈길이었다. 참 길도 걷기 좋은 하루였다. 오늘은 내 걸음걸음이 동섭이와 인섭이를 위한 기도라고 생각하며 길을 걸었다. 두 아이가 원하는 것과 하고 싶은 것을 잘 찾기 바랐고, 원하는 것을 얻기 위해서는 힘든 과정이 필요하다는 것도 깨닫기를 바랐다.

오늘 길은 근상 씨가 말동무가 되었다. 근상 씨는 폰페라다에서 카미노를 시작해서 3월 4일 이후 가끔씩 길이나 숙소에서 만났었는데 오늘은 둘이 길을 같이 가게 되었다. 이야기를 하다 보니 우리 회사에도 원서를 낸 적이 있다고 했다. 많은 이야기를 했는데, 기억은 잘 나지 않는다. 다만 회사 일을 하듯이 인생 계획도 세우냐는 질문이 기억에 남는다. 이 길은 거의 마쳐가지만, 인생의 계획은 다시 한 번 생각해야 할 화두인 것 같다. 나는 어떤가? 내 인생의 계획은 구체적이지 못하다. 세상의 가치에 너무 휘둘리지 말자는 생각을 하며 살려고 하고 있지만, 앞으로의 내 인생에 대한 그림은 구체적으로 그리지 않았다. 다만 은퇴하면 호스피스를 하고 싶다는 생각은 자주 한다. 구체적인 이유는 모르겠으나 호스피스로서 다른 사람의 편안한 죽음에 도움을 주고 싶다. 내가 자격이 되는지, 무슨 준비를 해야 하는지도 모르지만, 지금은 그냥 하고 싶다는 생각만 있다. 인생 계획에 대해서는 이 길을 마치고라도 고민을 더 해야겠다. 일요일 오전에 고백성사를 드리기 위해서 걸으면서 이런저런 생각을 하며 성찰할 내용이 떠오르면 메모를 했다. 다른 것보다 주어진 환경과 내 모습 그대로에 대한 감사를 더 많이 하며 살아야겠다는 생각이 많이 든다.

　오늘도 잘 먹었다. 점심에는 이 지역 특산물인 풀포(Pulpo, 문어) 요리와 구운 고추 요리, 돼지고기 꼬치 요리를 먹었다. 풀포 요리는 삶은 문어에 양념을 한 요리이고, 구운 고추 요리는 작은 피망 같은 초록색 고추를 구워서 소금 간을 한 요리다. 처음에 종업원은 고추 요리는 계절 요리라 아직은 안 한다고 했다. 스페인어로 설명하는 것이라 정확히 알 수는 없으나 손짓과 영어 단어를 섞어서 하는 말을 들으니 지금 고추는 수입이고 여기 고추가 나오기 시작해야 판매한다고 하는 것 같았다. 그래도 우리가 계속 먹고 싶다고 하니 주방장과 상의를 하더니 한 사람이 밖에 나가서 고추 한 봉지를 가지고 들어왔다. 식료품 가게에서 사 온 것 같았다. 덕분에 고추 요리를 먹을 수 있었다. 우리가 계속 먹겠다고 한 것은 어제 이 식당에서 한국 친구 한 명이 스페인 사람과 함께 식사를 하면서 고추 요리를 먹었는데 너무 맛있다고 꼭 먹어보라고 해서 먹을 수 있을 거라 생각했기 때문이다. 외국인으로 그 나라 말을 모르면서 여행을 하는 것은 쉽지 않지만, 그래도 서로 선의가 있으니 원하는 것을 얻을 수 있었다. 요리는 참 맛있게 먹었다. 이런저런 이야기를 하느라 와인을 1병씩 마셨더니 남은 길을 걷는 것이 좀 힘들었다.

**서른하나째 날**
인생도 계획을 세우나요? 그리고 만찬

어느덧 걷다 보니 29㎞를 다 걸었고 숙소에 도착했다. 이번 숙소도 앞선 사람들이 묵고 추천해 준 곳인데 펜션 같은 분위기다. 방도, 화장실도, 부엌도 잘 정리되어 있었다. 숙소에는 희정 씨, 근상 씨를 포함해서 4명만 묵게 되었고 저녁을 함께 하며 많은 이야기를 했다. 근상 씨는 앞으로의 삶을 어떻게 하면 더 잘 살 수 있을까를 고민하고 있었다. 회사를 옮기게 되어 그 사이 시간을 내서 이곳에 왔다고 했다. 희정 씨는 지난 삶을 정리하고 돌아보는 시간을 갖기 위해서 혼자서 이 길을 왔다고 했다. 그 둘은 나와 언식이를 특이하게 생각하기도 하면서 부러워하는 것을 알 수 있었다. 굴지의 기업을 다니면서 장기 휴가를 내고 이 길을 걷는 것이 부럽기도 하고 신기하기도 한 듯했다. 본인들은 퇴직이나 이직을 할 때나 가능하다고 생각한 일을 회사를 다니면서 하고 있으니 말이다. 거기에 친구 둘이 함께 온 것도 부럽게 느껴졌고, 우리 둘이 아무런 격 없이 대화하고 행동하는 것도 좋아 보였다고 했다. 저녁은 언식이가 대구탕을 끓였는데 참 재주도 좋다. 없는 재료로 시원한 국물을 만들어 냈다. 이런저런 이야기가 오가며 중간에 술을 더 사오기도 해서 와인을 5병이나 마셨다. 어느덧 지나간 29일을 보면, 이 길 위에서 시간이 참 빨리 흘렀는데, 오늘 술병도 빠르게 늘어갔다.

저녁 전에 성당 미사에 혼자 다녀왔다. 미사에는 100명이 넘

는 사람이 참석했다. 이제까지 미사 중에 가장 많은 사람들이었다. 물론 여기도 어르신들이 대부분이시지만, 도시가 보기보다 크구나 하고 생각을 했다. 내일은 안내서가 알려주는 주요 도시에서 묵는 것이 아니라 산티아고 5㎞를 남기는 몬테 도 고소(Monte do Gozo)까지 갈 예정이라, 미사를 드리기는 어려울 것 같다. 루르드에서 드린 미사를 포함해서 벌써 13번 미사를 드렸다. 순례 중에 매일 미사를 드릴 생각을 처음부터 하지 못한 것은 아쉽지만, 미사를 통해서 순례 중에 더 많은 은총을 받았다.

이제 39㎞만 남았다. 34㎞와 5㎞로 나누어 걸을 것이고, 34㎞를 가면 산티아고가 내려다보인다고 한다. 다들 그 고개에서 지난 시간을 생각하며 감회에 젖는다는데 내일은 나도 그 기분에 동참하고 싶다. 이제 40㎞도 남지 않았다. 비록 산티아고 도착 후에도 다른 일정이 있기는 하지만 산티아고로 가는 길을 걷는 것은 이제 이틀만 남았다. 내가 대견하다.

**서른하나째 날**
인생도 계획을 세우나요? 그리고 만찬

이제 꽃들이 제법 보인다. 계절이 바뀌고 있다.

담쟁이 덩굴과 함께 자라는 나무

겨울에 떠나는
산티아고 순례길

# 산티아고가
# 내려다보였어야 했는데

from Arzua to Monte do Gozo / 35㎞

정말 다 왔다. 이제 5㎞만 남았다. 지난 시간을 돌아보면 정말 신기하다. 800㎞를 걸어 왔다니. 서울에서 부산까지 갔다가 돌아온 만큼이다. 시작할 때는 이렇게 힘들 거라 생각하지 못했지만, 돌아보면 정말 쉬운 일은 아니었다.

오늘은 특별히 진원이를 위해서 걸었다. 내 한 걸음 한 걸음이 진원이를 위한 기도가 되었을 것이다. 나는 진원이가 현재를 살기를 원하고, 점점 그렇게 가고 있지만 더욱 더 자신의 삶을 살기를 항상 기도한다. 나도 최선을 다해서 진원이를 위해 할 수 있는 것을 할 것이다.

오늘은 약간 부담이 되는 35㎞를 걸었다. 그렇지만 길에서 아메니타라는 라트비아 아가씨를 만나면서 그 부담이 어느 순간인가 사라졌다. 정말 재미있는 친구였고, 아주 솔직해서 이런저런 이야기를 하며 걸어 왔다. 만일 그 친구가 없었다면, 이 길은 더 힘들었을 것이다. 아메니타는 라트비아 사람인데 지금은 영국에서 공부한다고 했다. 1999년생, 이제 18살인데 이 길을 걷고 있다는 것이 대견하게 느껴졌다. 왜 이 길을 걷고 있냐고 했더니, 이번에 고등학교를 졸업하고, 대학에 가기 전에 1년 쉬면서 다양한 경험을 하고 싶었던 것도 있었고, 자기가 마음이 복잡하다고 했더니, 아버지가 이 길을 걸어 보라고 해서 그냥 왔다고 했다. 아버지와 어머니가 이혼을 했고, 어머니랑 살고 있다고 했는데, 어머니에게는 2주 동안 여행 간다고만 하고 왔다고 했다. 그런데, 이 길을 걷는 것이 너무 힘들어서 마치고 나면 신발, 비옷 등이 길에서 사용한 물건들을 싹 버릴 거라고 했다. 기억나는 대화중에 아메니타는 한국사람들이 양치하면서 구역질을 크게 하는 것이 신기하다고 했다. 이 길에서 만난 한국사람들이 다 그렇다고 했다. 나도 생각해 보니, 약간 구역질을 하거나 헛기침을 하면서 양치를 한다는 것을 알게 되었다. 아주 익숙한 일상도 다른 사람들의 눈으로 비춰 보면 다른 의미로 다가올 수도 있다는 것을 새삼 깨달았다.

오늘은 길보다 날씨가 문제였다. 비가 오다가 해가 나고, 잠시 후에 소나기가 오고, 바람은 사람을 날려 버릴 것 같이 세게 불었다. 힘들었지만 잘 걸어 왔다. 몬테 도 고소에 가까워질수록 비바람이 더욱 거세졌다. 날씨 때문에 몬테 도 고소의 언덕은 서 있기도 힘들었고, 산티아고의 모습은 찾아볼 수가 없었다. 몬테 도 고소의 숙소는 이제까지와는 비교할 수도 없이 엄청난 규모였다. 십여 개의 방이 있는 건물이 있고, 침대가 400개가 있는 대규모 시설이라고 한다. 이렇게 대규모 숙소가 있는 것을 보니 성수기에는 정말 많은 사람들이 한 번에 찾아오는 모양이다.

이제 정말 다 왔다. 사실 오늘은 고백성사 드릴 것을 더 고민해야 했는데 아메니타와 이야기하고 걷기에 집중하느라 별로 그러지 못하였다. 그래도 내일 산티아고에 가면 정말 남다른 기분을 느낄 것 같다.

**서른둘째 날**
산티아고가 내려다보였어야 했는데

나에게는 생소했지만, 길을 걷는 유럽 사람들에게는 익숙했던 유칼립투스 숲

몬테 도 고소로 가는 길

겨울에 떠나는
산티아고 순례길

# 길이 나를
# 이끌었다

from Monte do Gozo to Santiago de Compostela / 5㎞
visiting Muxia and Fiesterra / 190㎞

드디어 산티아고 데 콤포스텔라에 도착했다. 7시 반에 출발해서 겨우 5㎞를 걷는 일정이지만 어쩌면 가장 중요한 날이다. 내리는 비를 맞으며 5㎞를 걷는데 이런저런 생각이 났다. 이 길을 어떻게 걸었을까? 아무 생각 없이 출발한 길인데, 이제는 너무 많은 생각을 남긴 것 같다. 가장 큰 화두였던 '내 십자가'를 포함해서 화살표, 다리, 길, 하늘, 사람, 꼴찌, 노력, 꾸준함 등등. 오늘의 발걸음이 나를 위한 기도가 될 것이라 생각하며 걸었다. 하느님께서 원하시는 내 십자가를 잘 찾아서 어깨에 짊어지기를 기도했다.

7시 반에 출발해서 8시 반쯤 순례자 사무실에 도착했다. 사무실을 찾지 못해 주변을 헤매기도 했지만, 드디어 도착했다. 9시에 사무실 문이 열리고 한 명씩 순례 인증서를 받았다. 순례 인증서는 두 가지가 있었다. 하나는 이 길을 걸었다는 인증서로, 100㎞ 이상 걸으면 받을 수 있으며 무료다. 또 하나는 얼마나 걸었는지에 대한 거리 인증서로, 이것은 3유로를 받았다. 나는 둘 다 받기로 했다. 외국인들을 위해서 영어 인증서가 있으면 좋겠지만, 인증서도 스페인어였다. 인증서에는 Young Joon Shin이라는 이름과 오늘 날짜 2018년 3월 11일이 적혀 있었다. 거리 인증서에는 799㎞라는 숫자와 걸어서 왔다는 말이 적혀 있었다. 799㎞, 정말 다시 하라고 하면 못할 것 같은 거리다. 수많은 도장이 순례자 여권에 남았고, 수많은 기억이 내 마음 속에 자리 잡았다. 나를 불러 준 언식이에게 또 다시 감사한다.

성당 바로 앞 호텔에 짐을 풀고 대성당으로 향했다. 그 시간이 9시 반이 좀 넘었는데 그 시간에도 미사가 진행되고 있었다. 모자를 쓰고 있었는데 경호원이 오더니 모자를 벗으라고 했다. 미사 중에 모자를 벗는 것은 당연하지만 관광객에게까지 요구하는 것이 인상적이었다. 언식이가 먼저 고백성사를 드렸고 나도 고백성사를 드렸다. 그냥 나는 우리말로 고백하고, 신부님은 스페인어로 성사를 진행하셨다. 그럼에도 하느님께서는 다 알

아들으셨을 것이다. 성사 후에 성당을 한 번 둘러보고 12시 미사를 마음으로 준비했다. 1시간 가까이 자리에 앉아 지나온 길을 돌아보았다. 젖 먹던 힘까지 다 쏟아 내고야 목적지에 도착할 수 있었던 첫날부터 나를 날려 버릴 것 같이 강한 비바람을 뚫고 지나온 어제까지가 머리 속을 스쳐 지나갔다. 눈, 비, 바람, 우박, 햇살 등 다양한 날씨를 지나왔고, 산을 넘고 평원을 지났고, 진흙길과 눈길에 발이 잡히기도 하고 아스팔트를 걷기도 했다. 다양한 음식을 사 먹기도 하고, 먹을 곳이 없어서 굶기도 하고, 이것저것 사다가 해 먹기도 했다. 나를 위해서 또 가족을 위해서 많은 기도를 했고, 길 위에서 떠오르는 다양한 생각에 그냥 내 마음을 맡기기도 했다. 내가 의도해서 길을 걸어 왔다기보다는 길이 나를 이끌고 온 31일의 시간이었다. 만나고 헤어지고, 또 그냥 지나간 많은 사람들도 있었다. 어떤 사람과는 하룻길 이상을 함께 걸으며, 다양한 이야기를 나눴고, 어떤 사람과는 지나면서 그저 인사 한 번으로 스쳐 지나가기도 하였다. 여러 번 넘어지고, 발가락, 발뒤꿈치, 어깨, 무릎 이곳 저곳이 아프지만, 마음만은 평화롭다. 12시가 되자 미사가 시작되었는데, 신부님이 여섯 분이나 들어오셨다. 주일 미사이기는 했지만 한 미사에 신부님이 여섯 분이나 들어오시는 것은 의외였다. 미사 시작에 신부님께서 순례자를 언급하시는 시간이 있었다. 스페인어이다 보니, 정확히 내용 파악은 안 되지만, 내 귀에 Saint Jean Pied

**서른셋째 날**
길이 나를 이끌었다

de Port와 Coreano는 정확히 들렸다. 미사는 평소 순례길의 미사처럼 진행되었는데, 마침 예식 때 갑자기 붉은색 제복을 입은 사람들이 나타나더니 천장에 매달린 향로를 내려서 향을 피웠다. 그리고 그 향로를 흔들기 시작했다. 성당 홈페이지를 찾아보니, 8명이 향로를 움직인다고 되어 있다. 향로는 천장에 닿을 것처럼 높이 올라간다. 향로는 약 20m 정도를 올라간다고 하는데, 모두의 기도가 하늘에 닿기를 기원하는 의미가 있고, 성당 전체에 퍼지는 향기는 그리스도의 삶을 세상에 널리 퍼뜨려야 한다는 의미를 가진다고 한다. 한 5분 정도의 시간이었는데 정말 신기한 경험이었다. 원래 향로는 대축일 등 지정된 미사에만 사용되고, 특별 봉헌을 하면서 요청해야 향을 피운다고 들었는데, 아마도 오늘 누군가 특별히 향로미사를 청한 모양이다. 정말 감사할 따름이다. 기대하지 않고 받는 은총은 더 크게 느껴지기 마련이다.

미사를 마치고 매일 산티아고에 도착하는 순례자 중 선착순 10명에게 무료로 제공되는 점심을 먹고 길을 다시 나섰다. 식사 중에 새로운 사람 2명을 만났다. 나머지 8명은 모두 오가는 길에 만났는데, 이 두 분은 여기서 처음 만났다. 프랑스인 부자였는데, 아버지는 한 번은 걸어서, 한 번은 자전거로 왔었고, 그리고 이번이 세 번째인데 이번에는 아들이 함께 왔다고 했다. 혼

자 가는 아들을 따라왔다 중간에 돌아간 한국 아버지도 계셨지만, 며칠 전 카페에서 만난 호주 부자처럼 아버지와 아들이 함께 걷는다는 것은 상상만 해도 부러운 일이었다. 시간에 쫓기고 서로 일정을 맞추기 어렵겠지만, 만일 내가 다시 이 길을 걷는다면 나도 아이들과 함께 오고 싶어졌다. 이탈리아 친구 안나도 이 길을 걷게 된 이유가 아버지가 이 길을 걸은 후에 더 행복해진 모습을 봤기 때문이라고 했고, 아메니타도 아버지의 권유로 이 길에 올랐다고 했는데, 우리 아이들도 기회가 되면 이 길을 걸을 수 있으면 좋겠다.

이제는 걷지 않고 차로 간다는 점이 크게 다르지만, 언식이, 근상 씨와 함께 세 명이 묵시아(Muxia)와 피에스테라(Fiesterra)를 다녀왔다. 피에스테라는 유럽대륙의 가장 서쪽으로 카미노길이 끝나는 곳이다. 대부분의 사람들은 산티아고에서 순례를 마치는데, 피에스테라에 가면 0.000㎞ 표지석이 있고, 과거에는 그곳에서 신발 등을 태우며 순례를 마무리했다고 했다. 피에스테라까지는 100㎞ 정도로 걸어간다면 3~4일 정도가 더 필요하다. 그렇지만 우리는 도보 순례는 산티아고에서 마치고, 이제는 차로 가기로 했다. 오늘을 포함하면 귀국까지 6일 정도 시간이 있는데, 남은 기간을 렌트카로 파티마(Fatima)를 거쳐, 잠시 모로코를 다녀와서, 마드리드(Madrid)에서 파리행 비행기를 탈 예정이다.

**서른셋째 날**
길이 나를 이끌었다

묵시아에서는 강한 바람과 성난 바다를 보았다. 가는 길에는 비가 좀 왔지만 묵시아에 있는 동안만큼은 하늘이 우리에게 맑은 날씨를 허락했다. 그저 감사할 따름이다. 묵시아의 바다는 거센 바람으로 인해 사나운 파도가 차지하고 있었다. 묵시아의 언덕에 오르면 마을을 내려다볼 수 있는데, 파스텔 톤의 지붕을 가진 집들과 바다가 어우러져 한 폭의 그림을 선사했다. 묵시아는 성모님이 돌배를 타고 나타나신 곳이라고 하고, 성당 안에 돌배를 상징하는 조형물이 있다고 했는데, 우리는 성당이 닫혀 있어서 들어가 볼 수는 없었다. 성당 옆에는 큰 돌로 된 기념비가 있는데, 나중에 찾아보니, 그 기념비는 묵시아 해변에 있었던 기름 유출 사고를 기억하자는 의미라고 한다. 그저 모든 것이 아름다울 뿐이었다. 묵시아를 거쳐 피에스테라로 갔다. 그곳에서도 엄청난 바람이 우리를 기다리고 있었다. 0.000㎞ 표지석을 보니, 비록 걸어서 도착한 곳은 아니지만 마음 한구석에 '이제 정말로 끝났구나'라는 생각이 들었다. 걸어서 묵시아를 거쳐 이곳까지 왔다면 또 남다른 감회가 있었겠지만, 차를 타고라도 들른 것은 참 잘한 일이다.

요즘은 신발을 태우지 말라고 한다지만, 적당한 곳이 있는지 찾아봤다. 등대 뒤는 바다 쪽으로 가파른 낭떠러지였는데, 조심

해서 내려가 보니, 등산화를 형상화한 조형물이 있다. 등산화 뒤로 지고 있는 해를 보면서, 이제까지 힘들게 걸었던 날들을 생각해 봤다. 바위 사이에 바람이 덜 불 만한 곳을 찾아, 내 허리 배낭과 언식이 등산화를 태웠다. 어느 순간 불이 붙더니, 다 타는데 30분은 걸렸다. 내 허리 배낭은 처음에는 불편해서 배낭 속에 들어 있다가, 언젠가부터 작은 물품들을 담아두는 데 너무 유용히 쓰게 되었는데, 순례를 마치기 3~4일 전에 버클이 망가졌고, 언식이 등산화는 2/3 정도 지나고 나서 발등에 구멍이 나서 물이 새는 상태로 여기까지 함께했었다. 그냥 멍하니 앉아서 타는 가방과 신발을 바라봤다. 불을 바라보는 것은 언제나 그 불길에 마음을 뺏기게 한다.

이제 정말 끝났다. 허리 배낭과 신발을 태우고 나니, 해가 지기 시작한다. 순례길을 걷는 동안 보고 싶었던 석양을 이제서야 만났다. 비록 바다 위의 해무 때문에 바다로 떨어지는 해를 볼 수는 없었지만, 하늘을 붉게 물들이며, 사라져가는 석양을 만날 수 있었다. 오늘을 다 비추고 내려가는 해와 함께 우리의 카미노도 막을 내린다. 이제 더 이상 배낭을 매고 이 길을 걷지는 않을 것이다. 남은 여정은 차와 함께하겠지만, 이번에 느낀 이 길의 매력과 이 길이 우리에게 전해 준 이야기, 그리고 수없이 받은 은총은 앞으로 삶 속에서 계속 기억될 것이다.

**서른셋째 날**
길이 나를 이끌었다

보수공사가 진행 중인 산티아고 대성당

799km를 걸어서 왔다는 것을 알려주는 증명서

거울에 떠나는
산티아고 순례길

800km를 걸어 온 것을 알려주는 순례자 여권에 찍힌 도장들

묵시아 언덕에서 내려다본 마을

**서른셋째 날**
길이 나를 이끌었다

피에스테라의 0.000㎞ 표지석

피에스테라의 등산화 조형물

피에스테라의 석양

**서른셋째 날**
길이 나를 이끌었다

# 포르투 와인을
# 만나다

From Santiago de Compostela to Fatima through Porto

/230+200km

이제 정말 순례를 마치고 여행이 시작되었다. 어제까지의 기분과 지금의 기분이 많이 다르다. 어제까지는 시간보다는 거리가 중요해서 빠르게 걸어 간 사람이나 천천히 걸어 간 사람이나 그날 걸어 간 거리가 같으면 다음 날 같이 또 시작하기에, 누구보다 앞서거나 조금 늦거나 하는 것이 중요하지 않았다. 심지어 하루를 뒤처져도 다음에 따라간다면 서로 다른 경험을 할 수는 있지만, 같은 길에 있는 것이었다. 그러나 오늘부터 당장 할 일이 생기고, 그것을 못하면 불안해지기 시작했다. 아침 9시에 박물관이 여는 줄 알았는데 10시에 연다고 하니, 당장 30~40분이 애

겨울에 떠나는
산티아고 순례길

매해졌다. 호텔방을 1시에는 비워야 하니 기념품을 사면서도 시간을 재촉하고 있었다. 어제 아침까지만 해도 힘은 들어도 내가 할 만큼 하면 되는 것이었는데, 이제 '할 것'은 '해야 하는 것'으로 바뀌었다. 옳고 그름의 문제는 아니겠지만 어느 것을 따라가느냐가 삶의 중심을 다르게 할 것이다. 언제나 여유와 꾸준함을 잃지 말아야 한다.

 오늘 오전은 어제 못 본 산티아고 대성당 박물관을 보고, 기념품을 조금 사고, 포르투(Porto)로 차를 몰았다. 산티아고 순례길을 사진으로 엮은 책 한 권과 자석 몇 개, 다른 사람들에게 선물할 작은 십자가 십여 개, 마지막으로 내게 선물하는 순례길의 높낮이까지 3차원으로 표현한 지도를 샀다. 그 지도와 유사한 지도를 둘째 날 아침 론세스바예스의 숙소에서 보았는데, 넘어온 산을 손으로 만지며 어떤 길을 걸었는지 기억을 새롭게 했었다. 그 기억에 유사한 것을 보자 바로 샀다. 내가 산 입체 지도는 둘둘 말 수가 없어서 조심히 가져가야 한다. 다른 사람들에게는 내가 찍은 사진과 작은 십자가를 선물하려고 하는데, 이 길을 걷지 않은 사람에게는 어떤 것이라도 이 길을 느끼게 할 수 없을 것 같다. 그나마 사진에서 이 길을 느낄 수 있기를 바란다.

 포르투는 포르투갈에서 2번째로 큰 도시라고 한다. 어디를 네

**서른넷째 날**
포르투 와인을 만나다

비로 찍고 가야 할지 몰라서, 와이너리 하나를 선택했는데, 그 곳이 가장 여행객들이 가고 싶어 하는 곳이었나 보다. 사람도 꽤 많았지만 다리, 강, 언덕 위의 집들이 조화를 이뤄 눈이 호강 하는 마을이었다. 그리고 가는 가게마다 종업원들이 영어를 잘 해서 불편함이 확 줄었다. 포르투에서 점심으로 먹은 샌드위치 는 참 특별했다. 이름은 프란세지냐(Francesinha)이다. 프랑스 요 리가 변형되어 들어온 것이라고 한다. 내가 먹은 것은 식빵 사이 에 소고기 스테이크, 햄, 치즈가 들어 있고, 그 위에 계란 후라 이가 올라가 있었다. 이 동네 음식이라고 해서 그냥 시켜 봤는 데, 상상 이상이었다. 다음에 이곳에 들른다면 다시 한 번 먹어 보고 싶다. 포르투는 식후 와인으로 당도가 높은 포르투 와인의 산지인데, 페헤리아(Ferreira)라는 와이너리에서 투어를 하며 포르 투 와인에 대한 이야기를 들었다. 와인의 알코올은 포도의 당분 이 발효해서 만들어지는데, 포르투 와인은 발효가 진행 중일 때 77도의 독한 브랜디를 넣어서 발효를 멈춘다고 했다. 그러면 당 분이 다 발효되지 않고 남게 되고, 남은 당분이 단맛을 가진 와 인을 만든다고 했다. 일반 와인과 마찬가지로 종류에 따라 숙성 방법과 기간이 다르다고 했다. 그리고 일반적인 포르투 와인은 맛을 일정하게 유지하기 위해서 여러 오크통의 와인을 적정한 비율로 섞는다고 했다. 그러나 소위 빈티지라고 하는 와인처럼 스페셜 와인이라는 것이 있다. 이것은 그 해 포도가 특별히 좋으면 만들어지는 것으로 다른 와인과 섞어서 맛을 일정하게 하지 않고, 한 종류를 숙성해서 파는 것이라고 한다. 다른 포르투 와인이 병에 넣기 전에 필터링을 하는 것에 반해, 스페셜 와인은 필터를 하지 않고 병에 담는다고 했다. 그러면 찌꺼기가 함께 들어가게 되고 그 찌꺼기들이 병입 후에도 와인을 지속적으로 숙성시킨다고 했다. 그래서 스페셜 와인은 마실 때 미리 디캔터에 따라서 찌꺼기가 들어가지 않게 하는 것이 좋다고 한다. 마지막으로 시음을 하고, 이제는 파티마로 향했다.

파티마는 성모님 발현으로 만들어진 작은 마을이었다. 저녁을 먹고 나서 성지를 한 바퀴 돌아봤다. 저녁 9시 반에 로사리오 기도가 있는데 성모발현 소성당에 모인 사람이 200~300명은 족히 되어 보였다. 전 세계에서 온 성지 순례자들과 수도자들이 보였다. 나는 로사리오 기도를 같이 드리지는 않았지만, 어머니와 형제들, 장인 장모님과 처형, 처제네 그리고 우리집을 위해서 가정별로 초를 하나씩 밝히고, 기도를 드렸다. 모두의 평화와 건강을 위하여. 오늘은 잠시 광장을 돌아보고 왔지만, 내일 좀 더 돌아보고 미사도 드리고 할 것이다.

**서른넷째 날**
포르투 와인을 만나다

산티아고를 떠나며 대성당 옆에서 만난 조형물

**포르투갈의 포르투** 시간을 가지고 좀 더 둘러보지 못한 것은 못내 아쉬웠다.

겨울에 떠나는
산티아고 순례길

## 인간이
## 무엇이기에

from Fatima to Sevilla / 440㎞

오늘은 미사를 두 번 드렸다. 아침에 파티마에서 미사를 드리고 출발했는데, 어쩌다 보니 세비야(Sevilla)에서도 미사를 드렸다. 이번 순례와 여행 중 15번과 16번째 미사였다. 항상 이번 순례 중 마지막 미사가 될 수도 있겠다고 생각했다.

아침에 7시 반 미사를 드리고 아침 식사를 한 후에 다시 성지를 둘러봤다. 언식이는 미사 전에 로사리오 기도를 했는데, 300~400미터를 무릎으로 걸어가며 기도를 드렸다. 파티마에서는 무릎으로 걸어가며 로사리오 기도하는 전통이 있다고 어제 언식이가 이야기했을 때 나는 그냥 흘려들었고, 어제 저녁에 광장을 돌아보면서 한 분이 무릎으로 걸으시며 기도하는 것을 보고 '정말 하는구나'라고 생각했는데, 그 기도를 언식이가 했다. 어제 비가 와서 땅이 다 젖었는데, 그저 대단하다는 생각뿐이었다. 언식이에게 기도가 과연 어떤 의미인지 물어보지 못했다. 어떤 대답을 듣더라도 괜히 내가 그 경건함을 훼손할 것 같은 생각이 들었기 때문이다. 그래도, 너무 궁금하다. 특히 묵주기도에 대해. 그는 순례 중에 하루에 20단씩 로사리오 기도를 드렸다.

미사를 위해 들어간 로사리오 대성당과 세계에서 4번째로 크다는 삼위일체 성당은 십자가를 중심으로 제대가 만들어져 있다. 산티아고 순례길을 걸으면서 만난 많은 성당들이 성모님을 중심에 둔 것을 보면서 성모신심이 매우 크구나 하는 것을 느꼈지만 한편으로는 십자가에 달리신 예수님보다 중요한 것은 없다는 생각을 했는데, 이곳 파티마의 성당들은 성모발현 기념 성당이지만, 십자가를 중심으로 되어 있어서 내 마음이 좀 더 편안했다. 나는 역사적인 것보다는 현대적인 것에 더 마음이 끌리는 것도 편안히 느껴진 이유였을 것이다. 삼위일체 대성당의 야외 십자가는 도대체 그 크기가 얼마인지 모르겠지만 예수님을 단순화해서 표현한 것이 너무 좋았다. 어제 저녁에 가로등에 비친 십자가 옆에서도 한참 사진을 찍었는데, 오늘 햇살을 받고 있는 십자가와 파란 하늘은 경건함에 더하여 상쾌한 느낌을 전해 주었

다. 로사리오 성당도 참 컸지만, 삼위일체 성당은 정말 컸다. 내일 가서 볼 세비야 대성당이 세계에서 3번째로 큰 성당이라고 하니, 그 규모가 기대되기도 한다. 삼위일체 성당의 입구 유리문에는 각국의 언어로 성경 말씀이 적혀 있었고, 우리 말로는 3구절이 적혀 있었다.

> 너희는 이 작은 이들 가운데 하나라도 업신여기지 않도록 주의하여라. 내가 너희에게 말한다. 하늘에서 그들의 천사들이 하늘에 계신 내 아버지의 얼굴을 보고 있다.
>
> — 마태오 18장 10절

> 인간이 무엇이기에 이토록 기억해주십니까? 사람이 무엇이기에 이토록 돌보아 주십니까?
>
> — 시편 8편 5절

> 하늘은 하느님의 영광을 이야기하고 창공은 그분 손의 솜씨를 알리네.
>
> — 시편 19편 2절

다른 언어로 적힌 말씀이 무엇인지는 모르겠으나, 파티마 성지에 새로 성당을 지으면서 들어간 구절이라고 생각하며, 다시 한 번 마음에 새겨 봤다.

그리고 세비야로 이동을 했다. 차로 5시간 거리의 장거리 이동이었다. 다시 스페인으로 넘어오면서 표준시는 1시간 빨라지긴 했지만 도로 사정도 나빠졌다. 같은 고속도로라도 포르투갈이 더 좋았다. 숙소는 세비야 대성당 근처로 잡고, 힘들게 주차를 한 뒤, 세계에서 3번째로 크다는 세비야 대성당을 찾아갔다. 정말로 크다. 안타깝게도 늦어서 대성당 안에는 못 들어가 봤지만, 대신 작은 경당에서 미사를 드릴 수 있었다. 성당을 못 들어가게 하는데, 작은 문으로 몇 사람이 들어가는 것을 보고 따라 들어 갔더니, 저녁 미사가 있다고 했다. 그래서 예정에 없던 미사를 한 번 더 드렸다. 작은 경당이었지만, 대성당의 화려함을 상상할 수 있는 곳이었다. 미사를 드리고, 성당을 한 바퀴 돌아보면서 '정말 대단하구나'라는 생각만 들었다. 이후 스페인 광장을 보고 식사를 한 후 하루를 마무리했다. 스페인 광장에는 스페인 각 지역별로 간단한 설명과 함께 그 지역의 상징으로 장식된 작은 구역들이 마련되어 있었다. 아마도 스페인의 모든 지역들을 한곳에 모았다고 해서 스페인 광장이라고 하는 것 같다.

산티아고 순례는 마쳤지만, 생각날 때마다 순례길에서 얻은 것

을 되새겨 보는데, 나는 '내 십자가'와 '겸손'이라는 단어가 가장 많이 떠오른다. 이는 앞으로도 계속 마음 속에 담아 두어야 할 화두이다.

파티마 성지에서 로사리오 기도를 하는 친구

**서른다섯째 날**
인간이 무엇이기에

삼위일체 대성당과 십자가

삼위일체 대성당 지하 전시관의 십자가에 달리신 예수님

겨울에 떠나는
산티아고 순례길

# 세비야 대성당
# 그리고 모로코

from Sevilla to Tanger (Morocco) / 240km (Ferry 32km)

오늘은 모로코로 들어간다. 언식이가 아직 못 가 본 대륙 중에 이번에 안 가면 언제 갈지 모르는 아프리카를 잠시 다녀올 거다. 나는 아프리카는 가 봤지만 아직 남미와 호주는 기회가 없었다. 언식이는 남미는 다녀왔지만, 아프리카와 호주에 가 본 적이 없다고 했다. 모로코에 가는 건 좋은데, 어제 저녁부터 일정 때문에 생각이 많았다. 원래는 하룻밤을 자고 오기로 했다가, 잠시 언식이가 당일치기로 혼자 다녀온다고 했다가, 아예 이틀을 자고 제대로 구경하자고 했다가, 결론은 차를 주차시켜 놓고 몸만 가서 탄자(Tanger) 항구에 가까운 곳만 보고, 하루 자고 오는 것으로 했다.

어제 보지 못한 세비야 대성당을 보는 것으로 오늘을 시작했다. 성당이 11시부터 관람 가능하다고 했지만, 9시 반쯤 성당 근처를 지나고 있는데 또 사람들이 열려 있는 문으로 들어간다. 우리도 그냥 휩쓸려서 또 여기는 어딘가 하는 생각에 따라 들어갔다. 불은 꺼져 있고 성당 중앙으로는 못 들어가게 하고 어딘가에서 성가 연습하는 듯한 소리가 들린다. 불 꺼진 성당을 구경하며 서성이다 몇몇 사람이 성당 중앙으로 못 들어가게 막고 있는 경비원들과 이야기하고 있어서 옆에 가 보니 미사 드리는 사람만 들여보내 준다고 했다. 10시 미사였다. 그래서 미사를 드리러 들어갔는데 정말 대성당 중앙 제대에서 미사를 봉헌한다. 평소에는 막혀 있는 창살의 일부가 열렸고, 평일 미사인데도 신부님 5~6분 정도가 주재하시고, 성가대도 있어서 그레고리안 성가로 미사를 했다. 분향도 하면서. 이렇게 해서 17번째 미사를 드렸다. 스페인 미사를 자주 드리다 보니, 다른 말은 알아듣지 못했지만 '오레무스'라는 말은 기억이 난다. '기도합시다'라는 뜻이다. 참, 포르투갈에서 미사를 드릴 때도 '오레무스'라고 했다. 미사가 끝나자 경비원들이 와서 모두 나가라고 한다. 그래서 나가서 다시 입장하는 줄을 섰는데 알고 보니 10시 미사 때문에 11시에 문을 여는 것이고, 일요일은 주일미사 후에 오후에나 관람이 가능하다고 한다. 다시 입장료를 내고 입장을 하니 이제는 불도 다 켜져 있고 사진도 찍어도 된다. 다만 중앙 제대 앞 창살이 닫혀 있을 뿐이었다. 세계에서 3번째로 크고 고딕양식으로는 가장 크다고 했는데, 정말 어마어마하게 크다. 특히 장식물이 크고 웅장하다. 순례길의 성당에는 단체 관광객이 없었는데, 이곳 세비야에는 단체 관광객이 너무 많았다. 지나가던 단체 관광 가이드의 말이 금이 1톤이나 사용된 성당이라고 했다. 처음에 이슬람 사원이었던 곳을 일부 남겨서 개조한 성당이라는데 정말 눈으로 봐야지, 전할 수 없는 규모다. 너무나 많은 조각들이 성경 말씀을 전하고 있고, 웅장한 파이프 오르간은 보고 있어도 소리가 들리는 것 같았다. 세비야 대성당 관람에서 빼놓을 수 없는 것으로 종탑 관람이 있다. 입장료에 종탑 관람료도 포함되어 있는데, 34층을 걸어 올라간다. 한 층이 길이 10미터 정도의 경사로를 올라가는 것이라, 힘이 들지만 누구나 올라갈 수는 있을 정도로 보인다. 아마도 아파트로 치면 14~15층 정도 될 것 같았다. 종탑의 네 면은 당연히 종들로 가득 차 있었고, 그 사이로 세비야 시내가 다 내려다보였다. 바람이 많이 불기는 했지만 시원한 시야가 보기 좋다. 높은 곳에서 내려다 보는 도시의 전경이 파스텔 톤의 지붕 색깔과 함께 보는 사람을 차분하게 만들어 준다.

모로코로 가기 위해 호텔에 차를 가지러 가는 길에 작은 성당이 있어서 잠시 들어갔는데 그곳도 많은 장식으로 규모에 비해서 화려했다. 성당 뒤편에는 뭔가 부활절을 준비하는 듯한 특이

**서른여섯째 날**
세비야 대성당 그리고 모로코

한 장식도 있었다. 그냥 추측하기에 성당 안에 모셔 놓은 십자가에서 내려진 예수님 상을 올려놓고, 함께 성금요일 예식을 하는 것이 아닌가 싶었다. 정말 이 지역은 가톨릭이 가지는 힘이 강한 것 같다. 다시 스페인 여행을 한다면 도시마다 성당은 꼭 가 봐야겠다.

세비야를 떠나서 모로코로 향했다. 스페인 남부의 타리파(Tarifa)라는 항구에 차를 세우고 모로코 탄자로 가는 배에 올랐다. 신기한 것은 배에 타면서 스페인 출국심사를 하고, 배 안에서 모로코 입국심사를 하는 것이었다. 덕분에 배가 항구에 도착하자마자 입국 도장이 여권에 찍힌 것만 확인받고 나니 바로 입국이 가능했다.

모로코의 탄자에 도착하니, 여러모로 차를 가져오지 않은 것은 잘했다는 생각이 들었다. 길 위를 달리는 차들을 보면 운전하는 습관도 달라 보였고, 신호등이 없는 길이 당황스러웠다. 방금 떠나온 스페인과는 완전히 다른 느낌이었다. 좀 무섭기까지 했다. 순례 중에 사용한 유심이 유럽 것이라 아프리카로 오니 전화나 인터넷이 안 된다. 전혀 예상하지 못한 상황이었다. 아마 차가 있었어도 길을 못 찾았을 것이다. 인터넷이 안 되니, 불안해지고, 불편해진다. 길을 알 수가 없다. 탄자에서는 두 가지만

하기로 했는데, 하나는 카스바(Kasbah)라는 성채에 가 보는 것과 모로코 음식을 먹는 것이었다. 지도를 찾을 수가 없어서, 카스바에 어떻게 가느냐고 항구 직원에게 물었더니 택시를 타라고 했다. 우리는 모로코 돈을 환전하지도 않았기에 못 가겠구나 생각하며, 그냥 걷기로 했다. 먼저 호텔로 가려고 나섰는데 카스바로 걸어가는 길이라는 표지판이 나왔다. 일단 가 보기로 했다. 정말 모로코의 골목길이 나온다. 조금 무섭기도 하고 불안하기도 했지만 대낮이니 괜찮겠지 하며, 그냥 올라갔다. 심지어 어떤 사람에게는 길을 물어보려고 하니, "No"라고 하고 그냥 지나가기도 했다. 중간중간 표지판이 있어서 잘 따라가고 있는데, 갑자기 꼬마아이가 나오더니 "카스바?" 그러면서 옆에서 같이 걷는다. 그리고는 한 1분이나 되었을까 여기가 카스바라며 돈을 달라고 한다. 1유로 정도 그냥 주려고 동전을 꺼냈는데 다른 잔돈까지 그냥 거의 뺏다시피 가져간다. 한 2유로 정도 가져갔다. 그냥 그러려니 하자 했다. 카스바는 특별한 곳이 아니라, 과거의 성채라고 한다. 사진 몇 장을 찍고 나니 성 바깥쪽으로도 계단이 있었다. 계단을 따라 내려오니 큰길이 나왔다. 결국 좁은 골목을 거치지 않아도 길만 알았으면 그냥 갈 수 있는 곳이었다. 올라가는 중에 몇 가지 일이 있었는데, 사진을 찍고 있는데 어떤 사람이 "No problem"을 외치며 따라오기도 하고, 골목에는 사진 찍었냐고 물으면서 "Japan, China, Korea, Vietnam"을 외치는 사람도 있고, 무슨 소리가 나는 근처로 갔더니 거기 가면 안 된다며 식당을 알려주겠다는 사람도 있었다. 정말 밤에 혼자 다니기에는 좀 불안할 것 같다.

　호텔을 찾는 것도 문제가 있었다. 인터넷이 안 되니 당장 예약한 호텔의 정확한 위치뿐 아니라, 호텔 이름도 생각이 나지 않았다. 다행히 출입국 서류에 호텔 이름을 적었기에 그 이름을 확인하고, 기억나는 대로 호텔을 찾아 나섰다. 다행히도 근처 호텔에 물어서 예약한 호텔을 잘 찾을 수 있었다. 호텔에 와서 식당을 물어서 모로코 음식을 먹으러 갔다. 탄지(Tanjie)라는 찜요리와 쿠스쿠스(Couscous)라는 요리를 먹으려 했는데 소개받아 간 식당은 이유는 모르겠으나 쿠스쿠스는 금요일만 한다고 해서 모로코 수프와 꼬치, 탄지 그리고 민트티를 먹고 마셨다. 모로코 수프는 토마토 야채 수프와 비슷한 맛이었고, 탄지는 우리나라 찜요리와 비슷했다. 우리는 소고기와 생선 탄지를 시켰는데, 각각 갈비찜, 생선찜과 비슷했다. 꼬치는 닭고기, 소고기, 간을 시켰는데 간을 먹는 것이 좀 신기했고, 맛은 예측 가능한 맛 그대로였다.

　이렇게 오늘은 마무리했다. 내일은 가능한 일찍 페리를 타고 스페인으로 돌아가서 지브롤터(Gibraltar)를 거쳐 그라나다(Granada)로 가려고 한다.

십자가에서 돌아가신 예수님을 안고 계신 성모님을 형상화한 세비야 대성당의 조각

**서른여섯째 날**
세비야 대성당 그리고 모로코

세비야 대성당 종탑에서 바라본 시내

모로코 탄자의 카스바

겨울에 떠나는
산티아고 순례길

—

# 지브롤터

from Tanger to Granada through Gibraltar / 320km

　모로코를 나오는 것은 쉽지 않았다. 그라나다(Granada)에서 오후 시간을 보내기 위해, 8시 배를 타기로 했다. 아침을 6시에 먹고 항구로 걸어가는데 비가 오고 있었다. 31일 동안 걸으면서 수도 없이 맞았던 비였지만 어째 오늘은 좀 처량했다. 카미노 길에서는 누구나 비가 오면 맞으며 걸어 갔지만, 주변 사람들은 이제 우산을 쓰고 다닌다. 비는 우리가 모로코를 떠나는 그 순간까지 계속 내렸다. 모로코 출국심사를 해야 하는데 8시가 되어도 심사를 시작하지 않았다. 이게 뭘까? 출국심사는 8시 반쯤 시작되었고 배는 10시 반이 되어서야 출발했다. 원래는 배가 8시, 10시 두 편이 오전에 있었는데, 10시 편만 운행한 듯하다. 늦어진 2시간 반은 이후 일정을 다 틀어 놓았다. 모로코에 머문 시간은 20

시간이 채 되지 않았다. 사람들은 사막 투어를 가기도 한다지만, 모로코를 다시 올 기회가 있을지는 모르겠다.

　스페인 타리파 항구에 돌아와서 이번에는 지브롤터(Gibraltar)로 향했다. 지브롤터는 스페인 남부의 작은 반도인데 영국 땅이라고 한다. 지브롤터는 깎아지른 바위산 하나처럼 보였는데, 인구가 늘어나는지 해안가로는 계속 건축이 진행되고 있었다. 케이블카를 타고 지브롤터 중앙의 산을 올라가서 전체를 조망할 수도 있지만 시간이 충분하지 않아서 우리는 가장 남쪽의 등대로 갔다. 바위산을 깎아 만든 터널을 여러 번 지나서 도착한 등대는 정말 육지 끝에 있는 것처럼 보였다. 이곳은 군사적 의미가 있는 지역이어서 그런지 대포가 전시되어 있었다. 지브롤터라는 곳이 있구나 정도를 확인했고, 바로 돌아 나왔다. 지브롤터에서 또 하나 신기했던 것은 도로가 공항 활주로를 가로질러 나 있었다는 것이다. 땅은 좁지만, 영국령이다 보니 공항이 있어야만 했는지, 마치 철길을 지나는 도로처럼 활주로를 지나는 도로가 있다. 항공기 이착륙 때는 당연히 도로가 통제될 것이다. 여권에 도장은 찍히지 않았지만 이렇게 해서 이번 여행의 다섯 번째 나라를 지나왔다. 프랑스, 스페인, 포르투갈, 모로코, 그리고 영국.

　다시 차를 몰아 그라나다(Granada)로 향했다. 그라나다는 이슬

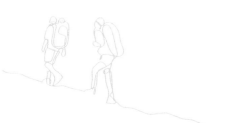

람 궁전인 알함브라가 유명한 도시라고 한다. 대성당과 알함브라 중간쯤 호텔을 잡았는데, 결국 모로코에서 지연된 2시간 반 때문에 아무 곳도 갈 수 없는 시간에 도착했다. 그래도 혹시나 하는 마음에 더 가까운 대성당을 찾아갔는데 대성당 옆 성당에서 7시 미사가 있다고 했다. 또 미사를 드렸다. 미사를 드린 성당은 대성당과 붙어 있는 곳인데 아마도 대성당의 일부인 소성당쯤이 아닐까 생각해본다. 대성당은 들어가지 못하고 건물만 한 바퀴 돌았는데 세비야에서 너무 큰 성당을 봐서 그렇지 이 또한 꽤 큰 성당이었다. 어느 곳의 대성당이든 화려하고 다양한 조각과 장식으로 꾸며져 있었다. 내일은 알함브라를 보러 갈 생각이라 아쉽지만 대성당은 못 보고 떠날 것이다. 그래도 미사를 드린 것은 축복이었다.

저녁에는 언식이와 타파스 바에서 맥주와 와인을 마시며 지나온 시간을 이야기했다. 서로가 같은 공간에서 같은 방향으로 걸어왔던 것에 감사했다. 나는 그가 없었으면 아예 오지 못했을 것이고, 그는 내가 없었다면 더 빨리 걷는 것에만 집중했을지도 모른다 했다. 종교가 같다는 것 하나가 주는 동질감이 생각지도 못한 은총의 시간을 만든 것이다. 언식이는 루르드에서 파티마에 이르는 일정을 계획했고, 나는 언식이만큼 기도하지 못했지만 그의 기도를 지지하며 자극을 받았다. 또한 덕분에 오늘을

**서른일곱째 날**
지브롤터

포함해서 18번의 미사도 드릴 수 있었다. 한 사람은 목적을 가지고 이 길을 시작했고 한 사람은 목적 없이 이 길을 따라왔지만, 이 길을 마쳤을 때는 두 사람 모두 새로운 시야를 가지고 인생의 길을 새롭게 걸을 것이다.

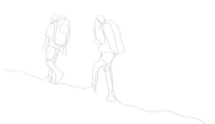

지브롤터 최남단의 등대

지브롤터 공항 활주로를 지나며

**서른일곱째 날**
지브롤터

### 서른여덟째 날

—

# 프라도 미술관

from Granada to Madrid / 420km

어느새 약속된 40일이 다 지났다. 오늘이 38일째고 내일 비행기를 타고, 모레 한국에 도착하면 긴 여정이 마무리된다.

아침에 일어나서 그라나다에서 가장 유명하다는 알함브라 궁전으로 갔다. 그런데 어젯밤에 이야기를 들어 보니 미리 예매를 하지 않으면 표를 구하기 어렵다고 한다. 역시나 오늘 입장이 가능한 표는 없었고, 표 없이 갈 수 있는 곳을 포함해서 궁전을 한 바퀴 돌고 내려올 수밖에 없었다. 밖에서 봐서는 무엇이 황홀한지 알 수가 없었다. 순례 중에 만났던 길 같기도 했다. 다시 스페인에 올 기회가 있다면, 잊지 말고 미리 예약을 해야겠다.

마드리드에서는 내일 아침 10시 45분 비행기로 파리로 이동해야 해서, 오후에 잠시라도 구경을 하려면 서둘러야 했다. 마드리드에는 오후 4시쯤 도착했고, 우리는 바로 프라도 미술관으로 향했다. 표 사는 줄이 길다. 전혀 예상하지 못했던 것이었다. 결국 4시 반쯤 미술관에 들어갔다. 6시부터는 무료 입장이라고 했는데, 조금이라도 제대로 보자는 마음에 안내 책자를 포함해서 24유로를 내고 들어갔다. 고야, 루벤스 등 나도 이름을 아는 거장들의 유명한 미술품을 포함하여 다양한 작품들이 전시되어 있었고, 전체를 둘러보는 데 3시간 정도가 소요되었다. 과거에 방문했던 루브르 박물관에는 프랑스 역사에 대한 작품이 많았으나, 프라도 미술관에는 성경에 대한 그림이 많아서 그림은 편하게 관람할 수가 있었다. 미술을 전공했거나 관심이 많은 사람들에게는 정말 시간 가는 줄 모를 것 같은 곳이었다. 나는 그냥 내 눈에 들어오는 대로 그림을 관람했다.

이제 짐을 정리하고 자리에 누웠다. 머리 속에 많은 생각이 지나가지만, 이번 순례길에서는 내 십자가가 가장 큰 화두였고 겸손과 타인에 대한 이해와 배려가 항상 같이 가는 이야기였다. 평생 기억에 남을 시간이었고 이 시간이 앞으로의 내 삶을 더 풍요롭게 하리라 믿는다.

**서른여덟째 날**
프라도 미술관

알함브라 궁전으로 가는 길의 마을 풍경

프라도 미술관 맞은편의 하르딘 베르티칼 카이사포룸(Jardín Vertical Caixaforum)

겨울에 떠나는
산티아고 순례길

# 일상으로 돌아오는
# 부산함

from Madrid to Seoul through Paris

아침부터 정신이 없다. 평소에 항상 6시면 눈이 떠졌는데 언식이와 둘 다 7시 반에 눈을 떴다. 그나마 그때라도 일어나서 다행이었다. 8시까지 차량 반납을 해야 해서, 좀 늦겠지만 말이다. 바쁘면 일들이 더 꼬이는 법이라더니, 주차장에 갔더니 주차요금 정산이 안 된다. 설명해 주는 사람도 없고, 인터폰에서는 뭐라는지도 못 알아들었다. 영어로 적혀 있는 설명만으로는 부족했다. 우여곡절 끝에 계산을 하고 나가니 이번엔 입구를 택시가 막고 있고, 택시 기사는 자리에 없었다. 경적을 울리고 또 울리며 재촉을 했다. 그래도 바로 기사가 와서 길을 내주었는데, 차량 내비와 핸드폰 구글맵이 다른 길을 가리켰다. 결국 2번이나 길을 잘못 들었다. 그러다 보니, 주유를 해서 반납해야 하는데, 주유소도 못 찾겠고, 시간도 부족해서 그냥 반납했다. 부족한 기름값은 두 배를 받는다 했지만, 최선의 선택이었다. 그래도 공항엔 잘 왔고, 지금은 파리로 이동하고 있다. 순례 중에는 시간에 쫓기지도 않고, 힘이 들어도 여유가 있었는데, 삶으로 돌아가는 시작부터 시간의 촉박함을 느낀다.

공항에서 하몽을 다시 만났다. 순례길 중에 술안주로 사 먹기도 했었지만, 뒷다리가 하나씩 걸려 있는 모습은 정말 생소했다. 호객행위에 걸렸다고나 할까? 지나가는데 시식을 권했다. 한 점 먹어서 손해 볼 것이 없다는 생각에 한 점을 받아 먹었는데, 맛이 다르다. 전혀 짜지도 질기지도 않았다. 이번 여행 중에 먹어 본 것 중에 최고라는 생각이 들었다. 하몽은 스페인 흑돼지의 뒷다리를 소금에 절여 놓은 것인데, 도토리만 먹여서 키운 흑돼지의 뒷다리를 최상급으로 친다고 했다. 3년 이상의 시간이 걸려서 만들어진 하몽은 심사관들에 의해 등급이 매겨지고 등급에 따라 가격이 정해진다고 했다. 내 눈앞에 8kg 정도의 뒷다리 하나에는 850유로라는 가격표가 붙어 있었다.

마드리드 공항에 걸려 있는 하몽

**서른아홉째 날**
일상으로 돌아오는 부산함

**마흔째 날**

# 이 길에 있는 모든 사람들을
# 축복하소서

from Madrid to Seoul through Paris

이제 긴 여행을 마무리한다. 그저 떠나고 싶다는 막연한 생각에서 시작한 길은 내게 길이 무엇인가를 보여 주었다. 삶 또한 어떤 의미로는 길을 가는 것이기에 이 길에서 받은 은총과 지혜는 삶을 걸어가는 데 새로운 이정표가 될 것이다.

　　'자기 자신을 버리고 제 십자가를 지고 나를 따르라.'

이번 길에서 내게 보여 주신 메시지다.

언제나 시작이며 가장 중요한 것은 버리는 것이다. 선입견, 편

겨울에 떠나는
산티아고 순례길

견, 고집, 미움, 질투, 경쟁, 집착, 위선 등등. 삶을 살아가며 가질 수밖에 없는 살기 위한 보호막을 먼저 버려야 한다. 내가 옳다는 전제가 없으면 어느 것도 자신 있게 할 수 없겠지만, 그 보호막에 갇히면 새로이 무언가를 하는 것도, 새로운 세상을 바라보는 것도 불가능하다. 때로는 버리면 영원히 내게서 사라질 것이 걱정이 되기도 하지만, 내게 필요한 것이라면 분명히 다시 담을 기회가 있을 것이라 믿는다. 아니 분명히 다시 주실 것이다. 이번뿐이라는 생각에 움켜쥐고 있었던 많은 것들을 내려 놓아야 한다. 나는 무엇을 움켜쥐고 살아 왔을까? 회사에서 내가 옳다고 믿고 밀어붙이고 언성을 높이고 했던 일들이 아마도 내가 움켜쥐고 있었던 것 중 하나일 것이다. 내가 옳다고 생각하는데 그대로 되지 않고, 내가 한 일인데 다른 사람이 인정받고, 내 의견과 달라도 결정되어서 따랐는데 내게 책임을 묻는 과정이 반복되면서 내가 더 불안해하고, 낙심하게 된 것도 그저 이 일을 움켜잡고 있어서는 아니었을까 한다. 아이들에게 언성을 높이고 내가 불안해하고 하던 것도 마찬가지다. 내가 가지고 있는 성공이라는 기준, 잘 살아간다는 정의에서 아이들이 벗어날 때마다 나는 불안하고 무언가 해야 한다는 강박이 있었다. 순례 이전에 이미 내려 놓았다고 믿고 있었으나, 아직 다 내려 놓지는 못했다는 것도 깨달았다. 믿는다는 것은 내가 무엇을 해 주겠다기보다는 기다리고 지지하겠다는 것이 아닐까 한다. 더 믿어야 한다.

**마흔째 날**
이 길에 있는 모든 사람들을 축복하소서

그리고 나는 내가 감당할 수 없는, 때로는 감당할 필요가 없는 것도 짊어지고 다니고 있었다. 왜 예수님께서 자기 십자가를 지고 오라고 하셨는지 조금 알게 되었다. 사람마다 다른 달란트를 주셨듯이 사람마다 다른 십자가를 주신 것이다. 그 사람이 짊어질 수 있는 만큼만 주셨다. 그런데 우리는 스스로 더 크고, 무거운 십자가를 만들어 놓고 하느님께 불평을 한다. 못 지고 가겠다고. 내가 어떻게 할 수 없는 것은 내 십자가가 아닌 것이다. 이번 길을 걸으면서 가장 내가 어떻게 할 수 없었던 것이 날씨다. 불평을 할 필요도, 해 봐야 소용도 없는 것이지만, 그 날씨로 인해 기분이 좋아지기도 하고 불만이 넘치기도 한다. 나는 언제나 내가 할 수 있는 것 이상을 하기 위해서 내게 주어진 것 이상을 하려고 해 왔다. 회사에도 가정에도 그랬다. 그러다 보니, 스스로 만족도 어렵고, 만족해도 다른 사람의 인정을 기다리고 있었다. 매번 나는 '인정받지 않아도 괜찮아'라고 했지만 지금 생각해 보면 인정받는 것이 내게 중요할 수밖에 없었을 것이다. 남의 짐까지 지고 가고 있었으니, 내가 그 짐을 지고 있다는 것을 알아주길 바랐던 것이다. 아이들이 어렸을 때 여행을 가면 아이들 짐을 내가 지는 것이 당연하다고 생각했었는데, 지금 생각해 보면 그때조차도 아이들은 그들이 지고 갈 수 있는 만큼은 지고 가게 했어야 했구나 하는 생각을 한다. 사랑이라는 것으로 포장해서 자기 십자가를 지지 못하게 한다면 그것은 더 이상 사랑이

아니라 자기 만족에 지나지 않는 것일지도 모르겠다. 이번 길을 통해서 내가 지고 있었던 우리 가족들의 십자가를 돌려주려고 한다. 이미 그들은 충분히 준비가 되어 있을 것이다. 내가 내 십자가를 지고 잘 가고 있는 것 그 자체만으로 그들에게 힘이 될 것이라 믿는다. 회사 일 또한 조금 더 믿고 기다리고 다른 사람의 역할과 노력을 존중해야겠다. 꼭 성공해야만 하는 건 아니라고 말만 할 것이 아니라 정말로 마음 속에서 성공을 기원하며 응원하지만 기다릴 수 있어야겠다. 나 혼자 걱정만 하는 것, 다른 사람과 불평만 늘어 놓는 것은 아무에게도 도움도 되지 않고 어쩌면 서로의 십자가만 더 무겁게 하고 있었는지도 모르겠다.

마지막으로 따르는 것이다. 나를 따르라고 하신 것처럼 이 길에서는 화살표와 이정표를 그대로 따라갔다. 가끔 의심하고 지도를 찾아보기도 했지만 결국 그 길이 맞는 길이었다. 예수님께서 보여 주신 길을 천천히 따라가면 되는 것이다. 서두를 필요도 없다. 세상에는 길이 여러 가지가 있다. 인생이 마라톤이라고 하지만 결승선은 정해진 곳에 있는 것은 아니다. 순례길의 목적지는 정해져 있었지만 말이다. 삶에서는 각자에게 보여지는 자신만의 이정표를 만나는 것이 중요하고 그 뒤에는 꾸준히 따라가면 될 것이다. 자꾸 이 길이 맞는지 의심하거나, 다른 길을 탐하지 말고 말이다.

**마흔째 날**
이 길에 있는 모든 사람들을 축복하소서

나는 내가 짐을 꾸리고 이정표를 만들며 살아 왔다고 생각했다. 세상의 이정표보다는 스스로의 화살표를 그려 간 것이다. 그러나 사람들이 내가 그린 화살표를 따라오는 것에 주저하고 원래 있던 큰 길을 따라간다고 해서 실망할 것도 없다. 내가 항상 옳은 것도 아니고 내가 옳다고 해도 모든 것이 바로 변하는 것도 아니니까. 그리고 이제는 이정표를 만들어야만 한다는 일종의 강박을 버릴 때가 되었다. 먼저 그려진 화살표면 어떤가, 그 길이 내가 가고자 하는 곳을 향하고 있다면 말이다.

이제 다시 원래 가던 삶의 길로 돌아간다. 잠시 잊고 있었던 곳으로 돌아간다. 모든 것이 어쩌면 그대로일지도 모르겠지만, 내가 이 길에서 아침마다 드리던 기도는 계속될 것이다.

"주님 오늘도 제가 제 십자가를 지고 가게 하시고, 이 길에 저와 함께 계심을 깨닫게 하소서. 그리고 이 길에 있는 모든 사람들을 축복하소서. 아멘."

감사합니다. 특히 나를 불러준 언식이, 나를 보내준 진원이, 나를 기다리고 있는 모든 사람들. 그리고 하느님 감사합니다.

거울에 떠나는
산티아고 순례길

## 여행을 마치고

순례길을 마치고 일상으로 돌아온 지 6개월이 지났다. 너무나 소중한 시간이었고, 은총 가득한 순간이었지만, 너무나 쉽게 어느 사이에 내 기억에서 멀어져 가는 느낌이 아쉽다. 여러 사람들에게 순례 동안의 느낌을 전하기 위해 그 길의 풍경을 담은 작은 액자를 선물하기도 하고, 내 안에서 일어나는 작은 변화를 이야기하기도 하면서 반년의 시간을 보냈다. 길에서 만났던 몇몇 친구들을 다시 만나면서 그 시간으로 잠시나마 돌아가 보기도 했다. 그래도 기억은 점점 희미해지기에 글을 써서 내 곁에 좋은 추억으로 남겨 두려고 한다.

순례를 다녀오기 전후로 무엇이 바뀌었을까? 스스로를 돌아보면, 쫓고 쫓기는, 앞서지 않으면 뒤처지는 세상의 논리에 좀 더 의연해진 것 같다. 어떤 사람은 열정이 식는 것이라고 말하기도 하지만, 내가 살아가는 터전이 전쟁터일 필요는 없다. 내게 주어진 일은 언제나처럼 매 순간 최선을 다하지만, 이제는 거기까지다. 최선을 다했다면, 결과를 기다리며 초조하지 않고 담담해질 수 있을 것이다. 소중한 것을 지키기 위해 더 소중한 것을 잃는 일은 없을 것이다. 내가 지금 하고 있는 일이 소중하다면, 내가 사랑하고 나를 사랑하는 사람들은 더 소중하다는 것을 새삼 기억하려고 매 순간 노력한다. 앞으로 나아가는 것에만 눈을 고정해서 속으로 병들어 가는 일은 없을 것이다. 때로는 나 스스로에게 그리고 내 곁에 가장 가까이 있는 가족들에게 너무 가혹하지는 않았나 반성도 한다. 아직도 다른 사람과 환경에 대한 불만을 늘어놓지만, 그 불만족스런 상황들이 나를 좌우할 수 없다는 믿음이 더 강해졌다. 이러한 불만조차 하지 않으면 더 좋을지는 모르겠으나, 적어도 나는 내 길을 갈 수 있을 것이다. 육체적으로는 3kg 정도 몸무게가 줄어서 71kg 전후를 유지하고 있다. 생각보다 몸무게가 줄지 않아서 아쉽기는 했지만, 허리가 1.5인치 정도 줄어서 바지 수선을 맡기는 쾌감을 느꼈다. 지금은 이 몸무게를 유지하기 위하여 조금 덜 먹고, 조금 더 움직이기 위해 노력하고 있다. 회사에서 만나는 사람들은 살이 조금 빠져서인지 더 보기 좋아졌다고 한다. 그리고, 길을 떠난 용기를 부러워한다. 길에서 만난 여러 한국사람들이 직장을 그만두거나, 학생 신분이었던 것처럼 아직도 많은 사람들은 세상 일을 잠시 멈추는 것에 두려움을 가지고 있는 것처럼 보인다. 내가 보여 준 모

겨울에 떠나는
산티아고 순례길

습이 언젠가 그들에게 작은 용기를 심어 주면 좋겠다.

　스페인의 파란 하늘과 메세타 초원에서 만난 지평선, 수도 없이 돌아가고 있었던 풍력발전기, 종잡을 수 없었던 날씨, 내 발을 받아 준 다양한 길들, 그리고 함께 그 길을 걸으며 만났던 사람들, 이 모두가 참 소중한 기억이다. 기회가 있으면 또 가게 될지는 모르겠다. 다만, 길에서 만난 안나가 자신의 아버지가 이 길을 걷고 난 후에 왜 행복한 사람으로 바뀌었는지 알고 싶어서 순례를 시작했다고 했던 것처럼, 내가 살아가는 모습을 보고 우리 아이들이 이 길을 걷는 기회가 온다면 또 다른 기쁨을 얻을 것만 같다.

　떠나자. 그리고 멋지게 돌아오자.

2018년 10월

신영준

함께 여행을 마치고

영준아,

일상의 돌고 도는 길이 더 이상 나아가지 못하고 한 곳에 머물러 있을 때, 산티아고로 가는 그 길을 걷게 되었지. 일생을 정리하는 길로 준비하고 있었던 길이라 Camino de Santiago는 야고보 성인을 찾아가는 길로 시작했었다. 너와 함께 걸어가는 그 길은 길이 주는 깊은 영감 속에서 시간의 흐름과 공간의 이동이, 그리고 그 속에서 같이 하던 사람들이 천사임을 깨닫게 해준 은혜로운 시간이었지. 이제 그 시간이 다시 과거가 되고 그 길의 연장선이 우리의 삶임을 묵상하며 메세타 고원같이 바람소리만 횡횡한 일상의 길을 걷고 있다가 너의 여행기를 다시 읽어 보게 되었다.

하느님의 은혜로 네가 나에게 동행을 제안했던 날, 난 어릴 적

겨울에 떠나는
산티아고 순례길

제일 좋아하던 작가인 톨스토이의 단편 하나를 떠올렸지. 예핌과 에리세이. 자기의 계획된 목표에 따라 생활을 하고 순례의 여정도 교과서같이 진행하는 예핌과 다분히 즉흥적으로 순례 중에 전염병으로 죽어가는 자그마한 마을의 가족을 돌보다가 여행경비를 탕진하고 집으로 돌아간 에리세이. 하지만 성지에서 돌아온 예핌은 일상 속 에리세이의 모습을 보고 진정한 순례자는 에리세이였음을 이야기했다. 가장 일상적인 곳에서 일상적인 사랑을 나눌 때 그곳이 성지이고 진정한 순례길임을 말하던 그 글.

그러나 그 글의 울림 이전에 일상의 많은 경우처럼 비교의 프레임으로 난 이 순례길의 예핌인가 에리세이인가라는 의식적인 질문을 많이 했었음을 고백한다. 하지만 너의 글을 읽고, 너와 대화를 나누며 "나만의 십자가를 스스로 지고 간다"는 너의 묵상의 테마로 걸어간 너의 길이 있고, 걸어가는 길이 주는 그 시간과 공간이 인생에 대한 풍부한 은유임을 감사하며 걸어갔던 나의 길이 있음을 알았다. 비록 순간순간 그 시간과 공간이 달랐던 적도 있으나. 항상 그 길 속에 같이 있었고, 그 끝에 같이 있었음을 감사하며 카미노에서 함께했던 모든 천사들과 함께 결국 확장된 카미노의 연속인 우리의 인생길에도 너와 내가 서로의 천사일 수 있음을 감사한다.

함께 여행을 마치고

결국 예핌도 에리세이도 순례길의 은총 속을 함께 걸어간 천사들이었다는 것을 이젠 알 것 같다.

사랑한다. 친구야.

2018년 10월
초고를 읽고 언식이가

겨울에 떠나는
산티아고 순례길

# 부록

## 이 길을 걸을 사람들을 위하여

**마음가짐**

걷는 것이 그렇게 간단하지는 않다. 특히 매일 쉼 없이 걷는 것은 피로가 풀리기 전에 또 쌓이기 때문에 조금씩이라도 계속 걷는 것에 익숙해지면 좋다. 나를 빼고 다른 사람들은 짧게는 1년 길게는 3년 동안 꾸준히 걸었다고 했다. 그렇지만 시간을 조금 더 길게 생각하고 욕심만 버리면, 스스로 건강하다고 생각하는 사람 누구나 갈 수 있는 길이다. 스페인 역사나 그 길에 대한 공부를 하거나, 스페인어를 공부해서 오는 사람도 있었지만, 새롭게 만나는 환경과 사람들을 기쁘게 맞이할 마음가짐이 더욱 중요하다.

**계절**

어느 계절이든 그 계절이 주는 다른 느낌을 얻을 수 있다. 겨울에는 춥지만 혼잡하지 않은 길에서 자신을 돌아볼 시간이 많을 것이고, 여름에 간다면 많은 순례자들과 함께하면서 또 다른 깨달음을 얻을 수 있을 것이다. 2월 말에서 3월 초는 우기라서 비를 맞을 가능성이 높지만, 여름에는 한낮의 뜨거운 햇살은 각오해야만 한다. 겨울에는 문을 닫은 숙소와 식당이 많지만 연 곳을 찾으면 한가롭게 쉴 수가 있고, 여름에는 숙소는 많지만, 그보다 더 많은 사람들이 있을 때도 있다. 내가 걸은 기간에 만난 사람의 절반 정도가 한국 사람이었던 것은 아마도 가장 걷기 좋은 4~5월에는 한 달 이상 시간을 내기가 더 어려워서가 아닐까 싶다.

## 준비물

항공권은 시기에 따라 다르지만, 나는 아시아나를 이용했고, 다른 분들은 외국 항공사의 경유편을 많이 사셨다. 시기 문제겠지만, 국적기라고 해서 무조건 비싼 것은 아니니, 다른 일정이랑 잘 맞춰서 요금 비교 사이트를 활용하면 된다. 배낭이 비싸면 등이 편하다는데, 거기까지는 잘 모르지만, 방수는 잘 확인해야 하고, 방수 커버와 신발의 방수는 비옷과 함께 우기에는 필수다. 스패츠(각반)도 겨울에 간다면 반드시 있어야 한다. 스패츠가 없으면 신발이 방수인 것이 의미가 없다. 나는 너무 저렴한 침낭을 구매했는데, 따뜻하게 잘 잤지만, 무겁고 부피가 커서 다니기에 불편함이 있었다. 여름이라면 침낭이 필요 없겠지만, 겨울에는

꼭 필요하니, 조금 투자가 필요한 항목이다. 외국 친구들 중에는 아주 얇은 침낭을 가지고 와서 이불을 그 위에 덮고 지내는 경우도 있었는데, 가끔은 침구가 아예 없는 숙소도 있다는 것은 기억해야 한다. 손빨래를 할 수 있는 시설이 따로 있기도 하고, 세탁기가 잘 준비된 숙소도 많아서 여벌의 옷은 본인의 민감도에 따라 최소로 가져가면 된다. 갈라시아 지방에 들어가기 전까지는 부엌이 있는 경우라면 식기가 있었고, 갈라시아 지방의 공립 알베르게는 부엌이 있어도 식기가 없었다. 꼭 음식을 해 먹어야만 하는 것이 아니라면 식기는 없어도 될 것 같다. 인스턴트 음식은 무게를 줄이고 싶다면 제일 먼저 배낭에서 꺼내야 하는 것들이다. 현지 동네 가게를 잘 이용하면 된다.

### 여정

한국사람들은 생장에서 많이 시작한다. 그러나, 외국사람들은 론세스바에스나 부르고스, 레온 등 중간의 도시에서 시작하는 경우도 많다. 특히 생장에서는 첫날 오르막을 걸어야 하기 때문에 걷는 것에 부담이 된다면, 스페인의 다른 도시들에서 시작하는 것도 전혀 문제가 되지 않는다. 나는 파리 왕복 항공권을 샀고, 루르드 성지를 순례길 전에, 파티마 성지를 순례길 이후에 다녀왔다. 함께 길을 걸었던 사람들을 보면 일정에 여유가 없어서 바로 돌아간 사람도 있지만, 포르투갈 포르투를 들르기도 하고, 모로코에서 사막 투어를 한 사람도 있었다. 나는 산티아고 데 콤포스텔라에 도착한 이후는 렌터카를 이용하여 여러 도시를 다녔지만, 버스나 기차 등 대중 교통으로 여러 도시를 다니는 것도 가능하다. 시간이 허락한다면 내가 다녀온 곳 중에서는 묵시아와 피에스테라, 포르투, 세비야를 추천한다. 묵시아와 피에스테라는 산티아고 데 콤포스텔라에 당일 버스투어가 있다. 만일 가톨릭 신자라면, 성모발현지인 루르드와 파티마를 순례의 시작과 끝으로 삼으면 순례에 더 의미를 부여할 수 있을 것이다. 나는 40일의 여정에 31일을 걸었지만, 30일 정도의 여정만 허락한다면, 무리해서 걷기만 하는 것보다, 출발지를 잘 선택하든지 중간에 대중교통을 활용하든지 해서라도 3~4일은 유럽을 느끼고 오는 것도 좋을 것이다. 그리고, 자신의 신앙과 관계없이 지나는 마을마다 성당을 들러 보기를 강하게 추천한다.

## 걷기

아침 출발 전에 발에 바세린을 바르고 출발하면 물집 예방에 도움이 된다. 물은 중간에 채울 수 있는 곳이 많이 있기는 하지만, 꼭 가지고 다녀야 한다. 중간에 먹는 물을 받을 수 있는 곳이 없다면, 식당에서 부탁하면 잘 채워 준다. 특히 겨울에는 식당을 찾기 어려운 경우가 많으니, 간단한 요깃거리는 꼭 가지고 다니는 것이 좋다. 에너지 바 같은 것 2~3개면 충분하다. 길에는

태양을 피할 곳이 전혀 없다.

## 식사

아침은 숙소 또는 도시의 카페에서 간단히 먹을 수 있다. 토르티야라고 불리는 스페인식 오믈렛이나 간단한 빵과 커피, 주스 등을 주로 판다. 점심은 겨울에 간다면 식당이 많지 않아서 먹기 어려울 수도 있다. 길에서 만나는 식당이 문을 열었다면, 10유로 전후로 식사가 가능하다. 저녁은 순례자 메뉴라고 해서 12~15유로 정도에 샐러드 같은 전채 요리와 양이 좀 적은 스테이크나 닭고기 요리 등의 메인 요리에 와인 또는 음료로 구성된 식사가 대부분의 식당이나 숙소에서 가능하다. 갈라시아를 들어가기 전이고, 숙소에 부엌이 있다면 동네 슈퍼에서 장을 봐서 간단히 해 먹을 수 있다. 부엌에 들어가면 식초나 기름, 쌀과 같은 식재료들이 남겨져 있는 경우가 있는데, 미리 확인하면 된다. 대도시를 지난다면 그곳의 다양한 식당을 경험하는 것도 좋을 것이다.

## 숙소

알베르게는 공립과 사립으로 나뉘어지고, 10유로 전후의 요금을 받는다. 사립이라고 해서 특별히 더 좋은 것은 아니지만, 공립의 경우 난방이 잘 안 되는 곳도 있으니, 추위를 많이 탄다면 미리 알아봐야 한다. 2층 침대로 구성된 곳이 대부분이고, 남녀

구별 없이 들어가는 순서대로 침대를 배정받는다. 겨울에는 사람이 적어서 좀 여유 있게 숙소를 사용할 수 있으나, 순례자가 많은 시기는 아침 일찍 출발해서 다른 사람보다 먼저 숙소에 들어가야 한다고 한다. 신발은 별도 보관 장소가 있는 경우가 많으니, 안내자의 말에 따라 보관하면 되고, 젖었다면 신문지를 얻어서 신발 속에 넣어 두면 좋다.

## 통신

대부분의 숙소와 식당에는 와이파이가 된다. 암호는 벽에 적혀 있기도 하지만, 없다면 물어보거나, 직접 입력해 달라고 하자. 전화와 데이터의 경우 나는 유효기간 30일짜리 EE 유심을 국내에서 사 가지고 갔고, 이후에는 EE 고객센터를 통해 추가 충전을 해서 40일을 잘 보냈다. 국내로 연락해서 충전하는 방법도 있지만, EE에서 오는 문자에 연결된 웹사이트로 가면 어렵지 않게 충전이 가능하다. 기간과 데이터 양을 선택해서 충전하면 된다. 카카오톡은 별도의 설정 없이 기존 설정이 유지되니, 한국과 연락하는 것에도 아무런 어려움이 없었다.

## 비용

기록이 정확하지 않은 것을 포함해서 40일에 총 400만 원 정도가 들었다. 나는 항공권을 마일리지로 구매했기에 20만 원 정

도가 들었는데, 당시 동일 구간 최저가는 80만 원 정도였다. 산티아고 순례길 이후 여행에 150만 원 정도가 사용되었으니, 만일 산티아고 순례만 했다면 250만 원가량을 사용했을 것이다. 순례길 이후 여행은 렌터카와 호텔을 사용했기에 순례길보다는 비용이 더 들 수밖에 없었다. 교통비로 약 100만 원(렌터카 비용 80만 원은 반씩 친구와 나누어 부담, 항공권을 마일리지로 구매하지 않았으면 60만 원 추가), 출발 전 물품 구입 40만 원가량(배낭, 침낭, 비옷, 스패츠, 장갑, 유심, 여행자보험 등등. 정확한 기록이 없다), 숙박비 80만 원(산티아고 순례 이후 두 명이 한 방을 쓴 비용 각자 30만 원 포함), 식비 120만 원(순례길에서 100만 원, 이후 20만 원), 선물 약 30만 원, 기타 비용 30만 원(순례 중에 산 물품, 입장료 등).

## 기록 남기기

처음부터 일기를 쓸 생각은 없었다. 그러나, 비행기에 앉아 있는데, 이건 기록을 남겨야 할 것 같다는 생각이 들었고, 그 순간부터 매일 밤에는 일기를 쓰고 잤다. 정말 힘들고 지루한 날은 몇 글자 적을 힘도 없었지만, 그래도 꾸준히 적었다. 그것이 지금은 기억이 되고 재산이 되었다. 모든 것은 핸드폰에 남겼다. 메모장을 활용하여 일기를 쓰고, LG G6로 사진을 찍었다. 노트에 손으로 일기를 쓰거나, 하루의 감정을 그림으로 그리는 사람도 있고, 카메라를 들고 다니면, 더 좋은 사진을 남기는 사람도 있었지만, 나는 핸드폰 하나면 충분했다.